Inhalt

1 Einführung

Der Begriff „Management" ist in Großbritannien und in den Vereinigten Staaten die Bezeichnung für das Handeln in Organisationen, das sich in den Bereichen Zielfindung, Problemlösung, Organisation, Planung, Führung und Erfolgskontrolle ereignet. Daß sich der Begriff „Management" im deutschen Sprachbereich auch seit den 20er Jahren durchgesetzt hat, mag daran liegen, daß er in einem Wort das ausdrückt, wozu es im Deutschen mehrerer Wörter bedarf.

Idealtypisch ist zu unterscheiden zwischen dem Handeln auf

- Organisationsleitungsebene (Top-Management),
- Abteilungs-, Gruppenleitungsebene (Middle-Management) und
- Ausführungsebene (Lower-Management).

Auf sämtlichen Organisationsebenen sind Managementwissen und entsprechende Fähigkeiten notwendige Bestandteile beruflichen Handelns. Nimmt man in Deutschland den Begriff „Management" in den Mund, assoziiert man oft recht einseitig „Top-Management". Bei Mitarbeitern der Sozial- und Jugendhilfe kommt häufig genug hinzu, daß sie „Management" mit „Gewinnmaximierung" gleichsetzen. Managementmethoden und -techniken wurden im vorigen Jahrhundert vor allem in den Bereichen der Wirtschaft und der Armee entwickelt. Dies dürfte ein Grund dafür sein, Management noch heute „gern" als Maximierungsinstrument entweder von Kapital und/oder von Menschentötung anzusehen, in jedem Fall also als etwas Menschenverachtendes zu betrachten.

Allein diese Hinweise mögen genügen, um aufzuzeigen, daß es nicht leicht ist, solche Vorurteile abzubauen. Dies trotzdem zu wagen hat uns veranlaßt, dieses Buch zu schreiben. Schaut man sich Dienstleistungsorganisationen in den Bereichen der Sozial- und Jugendhilfe und des Strafvollzugs genauer an, dann stellt man nicht gerade selten fest, daß man es mit Organisationen zu tun hat, die eher einem Chaos oder Dschungel gleichen, als daß sie selbst „naiven" Vorstellungen eines wenigstens halbwegs geordneten Dienstleistungsbetriebes entsprechen.

„Wolkige" Ziele werden verkündet. Aber in der Praxis sind die Aufgaben der Mitarbeiter in der Organisation ebenso unklar wie ihre Kompetenzen. Entscheidungen fallen, und kaum ein Mitarbeiter in der Organisation weiß *wie.* Anstelle von Mitarbeitermotivation findet man häufig sogar die Mitarbeiterschelte. Steigt die Zahl der Krankmeldungen in der

Mitarbeiterschaft, dann heißt es: „Die werden auch immer fauler ... Die Arbeitsmoral sinkt ständig ... Und so etwas ist ausgerechnet im sozialen Bereich tätig!" Kaum jemand aber fragt auch einmal: „Stimmt eigentlich unser ‚Management' noch?" Mitarbeiter kennen oft genug nicht einmal die Zusammenhänge der Hierarchiestruktur ihrer eigenen Organisation, so verworren und vernebelt können diese sein. Kommt man gar auf die Ablauf- oder auf die Informationsstruktur der Organisation zu sprechen, ist bisweilen im buchstäblichen Sinn die Sprachlosigkeit perfekt. Mitarbeiter sind zermürbenden Mehrfachweisungen von „oben" ausgesetzt. Linienstellen werden mit Stabsfunktionen versehen. Erfolgskontrolle geschieht entweder gar nicht oder groteskerweise auf der Grundlage von Jahresabrechnungen. Tatsächliche Probleme werden unter den Teppich gekehrt, oder man schiebt sie jahrelang vor sich her. Geplant wird entweder gar nicht, oder aber Planung wird sogenannten Experten überlassen. Lassen wir es bei diesen Andeutungen bewenden. Wer die Praxis in sozialen Organisationen, gerade an der Basis, kennt, der weiß, daß hier keine bösartige Verzerrung, sondern ein Stückchen der Realität dargestellt wurde, die sich mühelos noch weiter ausmalen ließe.

Wege aufzuzeigen, wie man in solche Organisationssituationen „Grund" hineinbringen kann, wie man zu
- klientorientiertem und zielbezogenem Handeln,
- Organisationstransparenz,
- Entscheidungsbeteiligung,
- Aufgaben und Kompetenzklarheit,
- beteiligungsorientierter, systematischer Planung,
- Führung als Motivationsproblem und
- zielbezogener Erfolgskontrolle[1]

kommen kann, das ist die Aufgabe, die Sozialmanagement leisten will.

Mit Recht ist zu fragen: Wie unterscheidet sich denn nun *Sozial*management vom üblichen (Wirtschafts-, Militär-, Verwaltungs-) Management?

1. Die Effizienz (mit geringstem Mittelaufwand größtmögliche Zielerreichung, wie zum Beispiel Gewinnmaximierung, rasche Kriegszielerreichung usw.) kann für Sozialmanagement unseres Erachtens *kein* Maßstab für die Organisation sein, schon gar nicht der oberste Maßstab. Für Sozialmanagement ist gemäß Artikel 1 GG in Verbindung mit den Zielsetzungen des BSHG, des JWG, des JGG und des StVollzG oberster Maßstab die Antwort auf die Frage: Was dient der Persönlichkeitsentfaltung des Klienten unter Berücksichtigung des demokratischen Rechts- und Sozialstaatsprinzips am meisten?

[1] Vgl. P. Ulrich/E. Flein: Management. UTB Bern/Stuttgart 1978, S. 15ff.

2. Hieraus ergibt sich, daß vor allem im Bereich der Entscheidungsanalysen die anzulegenden Bewertungsmaßstäbe eine andere (ziel-, problem- und bedürfnisbezogene) Qualität haben, als dies im übrigen Management der Fall ist.
3. Aus dem unter 1. Definierten ergibt sich aber auch, daß im gesamten Entscheidungsbereich von sozialen Organisationen Beteiligung aller Hierarchiestufen und – wenn nur irgend möglich – des Klientels sowie Transparenz und Nachvollziehbarkeit zu entwickeln und zu verwirklichen sind.

Nur wer im Blick auf Menschen in speziellen psychosozialen Problemlagen auf dem Boden dieser drei beschriebenen Voraussetzungen steht, wird mit dem im weiteren darzustellenden Instrumentarium des Sozialmanagements arbeiten können. Wer andere Grundpositionen auch im Bereich der Jugend-, Sozial- und Straffälligenhilfe sowie des Strafvollzuges einnimmt, dem muß vieles als „umständlich", zeitaufwendig, gar auch gefährlich erscheinen. Er wird sich besser an anderen Managementmethoden orientieren oder so weitermachen wie bisher.

Was sind nun die *Inhalte* des Sozialmanagements?

Da ist zunächst eine Reihe von Methoden, die unter Beteiligung aller zum systematischen Entscheiden beim

- Zielfinden,
- Problemlösen,
- Organisieren,
- Planen,
- Führen und
- Kontrollieren

führen. Anders formuliert: Es geht hier um ein systematisches Vorgehen bei der Beantwortung folgender Fragen bzw. um die sachgerechte Entscheidung zwischen mehreren Antworten auf die Fragen:

- Was wollen *wir* erreichen?
- Wie lösen wir Unterschiede zwischen dem SOLL und IST auf?
- Wie kommen wir zu einem zielentsprechenden Zusammenwirken von Personen, Sachen und Handlungsabläufen bei der Verwirklichung von Zielen?
- Wie entwickeln wir Zukunftsperspektiven und Wege zu ihrer Verwirklichung?
- Wie kommen wir zu einer den Zielen entsprechenden Führungskonzeption?
- Wie legen wir uns – vor allem wodurch – immer wieder Rechenschaft über Erreichtes und Nichterreichtes ab? Wie *kontrollieren* wir anhand gemeinsam erarbeiteter und vereinbarter Ziele, inwieweit wir das, was wir erreichen wollten, auch (teilweise) erreicht haben – und warum?

Weiter sind die *Methoden* zu nennen, die schöpferische Kräfte im einzelnen freisetzen und eine Gruppe zu *produktiver Teamarbeit* anregen, befähigen und provozieren. Neben den verschiedenen Formen des Brainstormings, die zu Einfällen und zu Aha-Erlebnissen führen, sind es ganz verschiedene nonverbale Wahrnehmungen, Empfindungen und Erfahrungen, die Oho-Erlebnisse herbeiführen. Und schließlich sind es Kombinationen spielerischer Arbeitsweisen, die motivieren, auf Ideen bringen und Assoziationen bewirken.

Dazu kommen Methoden, die die Sprachfähigkeit untereinander fördern, Barrieren abbauen und die Ausdrucksfähigkeit weiterentwickeln sollen. Die *Kommunikation* ist für gute Zusammenarbeit grundlegend. Daran, ob jeder in der Lage ist, die Signale eines anderen zu empfangen, richtig zu verstehen und angemessen zu beantworten, entscheidet sich, ob tragfähige Vereinbarungen getroffen und gemeinsame Bemühungen um der Sache Bestes unternommen werden können.

Teil des Programms „Sozialmanagement" ist schließlich die *Meditation.* Die Vielzahl verschiedener Methoden, die in Gruppen zu Entscheidungen führen können, verdeutlichen Variationsmöglichkeiten des Handelns. Die verschiedenen Methoden produktiver Teamarbeit erschließen dem einzelnen oder einer Gruppe die Möglichkeit, Neues zu entwickeln und durchzuführen. Die Methoden zur Verbesserung des gegenseitigen Aufeinandereingehens und Bezugnehmens erleichtern die Verständigung untereinander. Die Meditation hingegen will den einzelnen und die Gruppe dazu führen, eigene Positionen, die Mitte in sich selbst zu finden, von der aus das Neuerfahrene immer wieder eingeordnet und dann auch das Handeln mit anderen glaubwürdig verfügbar gemacht werden kann.

Die Antwort auf die Fragen nach dem eigenen Bild vom Menschen, den eigenen Werten, bestimmen die Ziele und die Möglichkeiten der Anwendung von Gelerntem.

So ruht also das Konzept des Sozialmanagements auf vier Säulen, die in enger Verzahnung eine Führungskonzeption stützen, die als Wunschbild einer zielorientierten Zusammenarbeit oft und viel zitiert und doch – aufs Ganze gesehen – noch wenig und meist als Stückwerk praktiziert wird.

Was ist nun die *Funktion* von Sozialmanagement im Bereich der Sozialarbeit?

Vor vielen Jahren wurde bei einer internationalen Ausstellung als ein Motto für Sozialarbeit formuliert:

Ungeordnetes ordnen,
Schwaches stützen,
zu einem vollen Leben

in der Gemeinschaft befähigen –
das ist soziale Arbeit.

Man kann diese Definition als eine Charakterisierung der guten alten Fürsorge bezeichnen und darauf hinweisen, daß das Konzept einer offensiven Jugend- und Sozialhilfe nicht ein reagierendes, flickendes oder wiederherstellendes ist. Man kann darauf verweisen, daß offensive Sozialarbeit überall dort mitreden will, wo es um die Lebensinteressen von einzelnen oder Gruppen in der Gesellschaft geht. Ob man dem einen oder anderen Extrem anhängt: die nähere Bestimmung der Ziele, ihre Durchsetzung erfordert Managementwissen und Managementfähigkeiten.

Zugleich ist das Sozialmanagement, richtig gehandhabt, ein Werkzeug für die Förderung lebendigen Lernens. Denn jeder Arbeitsvorgang schafft nicht nur neue Einsichten in die eigenen Fähigkeiten und Grenzen, in die Fähigkeiten und Grenzen einer Gruppe, sondern in neue Möglichkeiten zum bisherigen Verständnis einer Sache, neue Entscheidungsmöglichkeiten und Gelegenheiten, mit einem Dank für das Gewesene ein Ja zum Kommenden zu sagen.

Was will also Sozialmanagement?

Soziale Institutionen stehen vielfach vor dem Problem, daß sie

- weder den Ansprüchen, die an ihr Handeln nach außen (Effektivität der Arbeit),
- noch den Ansprüchen, die an ihr Handeln nach innen (Organisation der Arbeit) gestellt sind,

gerecht werden – weder rationalen Kalkülen noch der Ethik Sozialer Arbeit.

Vor diesem Hintergrund ist das Konzept des Sozialmanagements der Versuch, sowohl die Ansprüche der Ethik Sozialer Arbeit in den Strukturen ihrer Organisation einzulösen („sozial") als auch die Effektivität sozialen Handelns methodisch und systematisch zu verbessern („Management").

Das Sozialmanagement umfaßt Arbeitshilfen, die systematische und kontrollierbare Entscheidungen, Partizipation aller Betroffenen, Transparenz und zielorientiertes Handeln ermöglichen. Es wird verstanden als rationale Möglichkeit, gemeinsam systematisch und methodisch die Frage: „Wer macht was, wo, wie, womit, wie lange, warum?" zu klären und zu beantworten.

Das Menschenbild, das dem Konzept des Sozialmanagement zugrunde liegt, verneint insbesondere die Annahme, daß Menschen autoritär, unter Zwang und mit Gewalt zu etwas gebracht werden müssen. Es wird vielmehr davon ausgegangen, daß Menschen aufeinander angewiesen und bezogen sind, daß sie die soziale Anerkennung brauchen und um so zufriedener und engagierter sind, je mehr sie ihre Lebens- und Arbeitsbedingungen bestimmen können.

Auch das Sozialmanagement kennt Formen der Erfolgskontrolle und stellt die Frage nach der Effektivität des Handelns. Erfolg und Effektivität bemessen sich aber hier nach anderen Kriterien als im Bereich der Wirtschaft. Die Erfolgskontrolle orientiert sich an den Problemen, Notlagen und Bedürfnissen der Klienten und bezieht die Möglichkeiten und Ansprüche der Mitarbeiter mit ein. Erfolgskontrolle ist Selbstkontrolle anhand gemeinsam formulierter Ziele.

Die Methoden, die im Rahmen des Sozialmanagements zur Anwendung kommen, müssen – dem Konzept des management by participation folgend –, bestimmten Prinzipien und grundsätzlichen Kriterien genügen. Sie müssen Partizipation, Transparenz, Nachvollziehbarkeit, Korrigierbarkeit bieten.

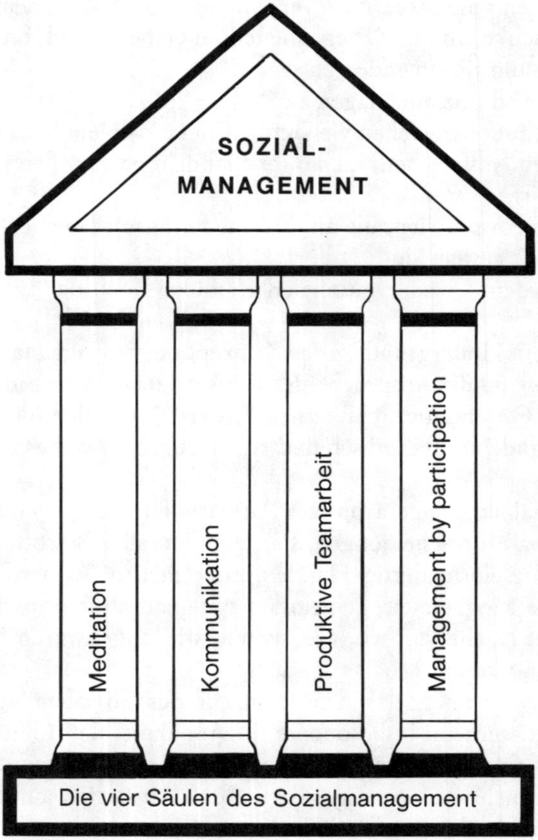

Die vier Säulen des Sozialmanagement

2 Meditation

Im ersten Kapitel haben wir dargestellt, was man unter Sozialmanagement versteht, was in seinem Rahmen gemeinsam zu tun ist und welche Voraussetzungen seine Ausübung fordert. Eine dieser Voraussetzungen ist für jeden zunächst, daß er zu sich selbst findet, über die eigene Einstellung und Haltung nachdenkt und die eigene Mitte entdeckt. Erst wenn das immer wieder geschieht, wächst die Sicherheit, aus sich herauszugehen, sich in die Zusammenarbeit mit anderen einzubringen und sich mit ihnen frei und offen über Ziele, Probleme, Organisation, Planen, Führen und Kontrollieren auszutauschen.

Ein Zugang zur Erfüllung solcher Voraussetzungen für ein „In-Kontakt-mit-sich-selbst-Kommen" ist die Meditation.

2.1 Was ist Meditation?

Man kann diese Frage auf verschiedene Art beantworten. Jede Antwort ist wie der Blick aus einem bestimmten Fenster, mit dem man jeweils nur einen Aspekt der Meditation erfaßt. Dies soll durch die folgende alte Sufi-Fabel verdeutlicht werden[2]:

» Es gab einmal eine Stadt mit nur blinden Einwohnern. Ein König kam mit Armee und Gefolge in die Nähe und kampierte dort. Er besaß einen mächtigen Elefanten, den er für Angriffe benutzte, weil das Riesentier den Feinden große Angst einjagte. Die Bürger waren neugierig, den Elefanten kennenzulernen, und einige Blinde machten sich auf den Weg, um Näheres über den Elefanten herauszufinden. Da sie die Gestalt eines Elefanten nicht kannten, befühlten sie seine Teile. Jeder, der einen Teil gefühlt hatte, dachte, daß er den Elefanten kennen würde. Sie kehrten zu ihren Mitbürgern zurück, und es bildeten sich um sie neugierige Gruppen. Alle fragten nach der Form und Beschaffenheit des Elefanten und lauschten andächtig. Der Mann, der das Ohr gefühlt hatte, sagte: „Der Elefant ist groß und rauh, weit und breit wie ein Teppich." Ein anderer, der den Rüssel gefühlt hatte, sagte: „Ich weiß, wie es in Wahrheit ist. Der Elefant ist wie ein gerades und hohles Rohr, furchtbar und gefährlich." Wiederum ein anderer, der die Füße und Beine gefühlt hatte, sagte:

[2] Zitiert nach L. Schwäbisch/M. Siems: Selbstentfaltung durch Meditation. Eine praktische Anleitung. Reinbek 1976, S. 12 ff.

„Nein, der Elefant ist mächtig und fest wie eine Säule". Jeder hatte einen Teil des Elefanten gefühlt, doch wähnte sich jeder im vollen Besitz der ganzen Wahrheit. «

Es versteht sich von selbst: Wir können nur eine bescheidene Teilantwort geben auf die Frage: Was ist Meditation? – und wir müssen im übrigen auf die Literatur verweisen, die für den Umgang mit Meditation befähigen will.

Meditation ist die Fähigkeit, sich zu versenken und so den Weg zu finden, der dorthin führt, wo wir erfahren können, daß wir sind.

» Unser waches Bewußtsein ist nur eine bestimmte Art von Bewußtsein, um das herum ganz andersartige Bewußtseinsformen liegen – vom wachen Bewußtsein nur durch dünne Schleier getrennt. Wir können durchs Leben gehen, ohne ihre Existenz auch nur zu ahnen. Doch sobald wir auf die geeigneten Reize stoßen, stehen sie plötzlich in ihrer ganzen Fülle vor uns. Keine Betrachtung der Welt in ihrer Ganzheit kann vollständig sein, die diese anderen Bewußtseinsformen einfach unberücksichtigt läßt. «

(William James, 1890[3])

Die Meditation ist die klassische Methode, um zu diesem anderen Bewußtsein vorzustoßen.

2.2 Was wollen wir mit Hilfe der Meditation erreichen? (Ziel)

Die Meditation will in die Mitte des Seins, zu den in uns verborgenen Quellen des Lebens führen. Sie will die schöpferischen Kräfte erschließen und in die eigene Tiefe führen. Die Wege dahin sind oft verschüttet, aber es macht glücklich, zu den Quellen vorzustoßen. Meditationen regen dazu an, die Haltung zu sich selbst und anderen zu überdenken, die Wertorientierungen des Handelns zu klären und Sinnperspektiven im Alltag zu entwickeln.

Es ist nicht leicht, mitten in der Hetze unserer Tage einen Weg zur Ruhe, zur Mitte in sich selbst zu finden. Das wissen alle, deren Hauptaufgabe darin liegt, zum Zielfinden, Problemlösen, Entscheiden, Organisieren, Führen und Kontrollieren anzuregen und dabei mit anderen zusammenzuarbeiten. Der Gebrauch der Instrumentarien des Sozialmanagements ohne einen Bezug zur Mitte und ohne die Absicht, mit seiner Hilfe den Raum für die Suche nach Wegen zu den Quellen zu schaffen, kann nur zu einem puren technokratischen Verhalten führen. Das mag

[3] Zitiert nach Schwäbisch/Siems, a. a. O., S. 13.

zwar – auch in sozialen Organisationen – zu vorübergehender Perfektion führen, aber nicht zu einem „Mensch-Sein“ und „Mensch-Bleiben“ in einer immer stärker durchrationalisierten Welt. Täglich sind die Menschen unserer Tage hart und manchmal unerbittlich gefordert – in der Familie, im Beruf, in der Öffentlichkeit. Die zu treffenden Entscheidungen und der Zwang zum Handeln erzeugen häufig krankmachenden Streß und davon ausgehende Störungen im Ablauf menschlicher Zusammenarbeit. Mitten in diesem Treiben aber liegt eine andere Wirklichkeit verborgen, die der Schweizer Psychotherapeut Baltasar Staehlin als die „zweite Wirklichkeit“, als die Gewißheit, nicht nur dem Endlichen zuzugehören, bezeichnet. Sie ist es, die unser Leben erst lebenswert macht. Meditation ist der Weg zu einer solchen zweiten Wirklichkeit. Sie ist eine Notwendigkeit in unserer Zeit. Solche zweite Wirklichkeit ist vielen Menschen unserer Tage verlorengegangen (Verlust der Mitte). Viele von uns haben alles, was sie brauchen: Essen, Kleidung, Wohnen, Maschinen, Fernseher, Auto und manches darüber hinaus. Sie „haben“ alles, aber „sind“ nicht: sind nicht in der Ruhe, sind nicht bei sich selbst. Meditation möchte nichts anderes, als neu aufschließen für eine „Mitte“, aus der wir leben können für die „zweite Wirklichkeit“, die unser Leben erst lebenswert macht. Meditation ist nicht bloß Modeerscheinung, sondern tiefe Notwendigkeit in unserer Zeit mit ihrem starken Sog ins Getriebe.

Alle verschiedenen Meditationsmethoden haben eines gemeinsam: Sie wollen es ermöglichen, sich zunächst vom Tagesgeschehen und Wachbewußtsein durch ein Zurückziehen der Sinne vom Alltag zu lösen. Es wird ein ruhiger Platz gesucht, die Augen werden meist geschlossen, so daß möglichst wenig Reize von außen den Meditierenden stören können. Um in den meditativen Bewußtseinszustand zu gelangen, wird ein Konzentrationsobjekt zu Hilfe genommen, auf das der Meditierende seine Aufmerksamkeit lenkt.

Es gibt eine Vielfalt von Meditationsobjekten. Von jeher benutzten indische Weisheitslehrer (Gurus) vor allem heilige Worte oder Silben, eine Kerze oder innere Körperempfindungen, Buddhisten den Atem, Christen Bibelstellen, auf die sie sich in der Meditation konzentrierten.

Konzentrationsobjekte waren und sind Mittel zum Zweck – hier zur Bewußtseinsveränderung und zur Versenkung, die der Entspannung und Lösung des Körpers, der Lösung von Streßsituationen, der Aufarbeitung unerledigter Konflikte, der vertieften Sinnfindung dienen.

2.3 Mittel zur Meditation

Wir alle erleben gern etwas, das bereichert und anregt. Die Phantasie der Liebe wird kreativ viele anziehende Meditationsobjekte herausfinden. In einen Text, ein Bild oder eine Musik kann man sich vertiefen und dabei zu einem neuen Bewußtsein vorstoßen. Ich besinne mich über den Weg der Meditationsobjekte auf mein Leben und Sein, auf die Zusammenhänge, in denen beides steht, und auf die Signale, die mich im Alltag erreichen. Je nach Begabung, Neigung und Empfindung kann

– ein Gegenstand (Pflanze, Holz, Stein, Metall, Bild, Plastik, Kerze oder anderes),
– eine Landschaft,
– ein Klang (Melodie, Musikstück),
– ein Text (Spruch, Textabschnitt, Märchen, Parabel, Glaubensaussage) der Anreiz sein, um zu überlegen:

- Was für Signale kommen bei mir an?
- Was bedeutet jedes Signal für mich:
  – Was macht es mit mir?
  – Wohin führt es mich?
  – Welche Empfindungen löst es aus?
  – Was kommt an die Oberfläche meines Bewußtseins?

Ich werde dabei hellhörig auf das, was andere empfinden und denken, und nehme wahr, was sie mir zu sagen haben.

Das wird mir Anlaß

- zu Dank,
- zur Motivation, etwas für mich und andere zu tun,
- zur Anbetung,
- zum verständnisvolleren Hören auf Stimmen,
- zur Beachtung der Quellen, aus denen sie kommen,
- zur Arbeit an meiner Einstellung, Haltung und Überzeugung,
- zur Aufarbeitung von Konflikten.

Ich bekomme also durch Meditation mehr Zugang zu mir selbst, ich komme „in Kontakt mit mir".

Wie aber gehe ich vor?

- Ich suche ein Wort oder ein Bild oder ein Musikstück, das mich betrifft, anspricht und anregt.
- Ich versuche zur Ruhe zu kommen und anderen die Ruhe zu vermitteln.
- Ich gebe eine Einführung in das Meditationsobjekt und eine Anleitung zur Entspannung, zum Loslassen.

Ernst Barlach: Das Wiedersehen (Christus und Thomas), 1926
Quelle: Ernst Barlach Nachlaßvertretung GmbH, Hannover

2.4 Beispiele für Meditation

Wir wollen im folgenden drei Beispiele dafür bringen, wie Gruppen zu einer einfachen Art der Meditation finden können.

Beispiel 1

Eine der tiefstgreifenden Verunsicherungen, aber auch Bereicherungen erfahren wir in der Begegnung mit dem Mitmenschen. Wer ist er? Wie soll ich ihm begegnen? Halte ich ihn aus? Hält er mich aus? Werde ich mit ihm auskommen? Werde ich ertragen, daß er mehr kann als ich, oder werde ich ertragen, daß er mich mit seinen Grenzen in meiner Spontaneität einengt?

Eine Beantwortung dieser Fragen – vielleicht noch weiterer Fragen – wird die Voraussetzung schaffen, auf den Mitmenschen zuzugehen, Vertrauen und menschliches Arbeitsklima aufzubauen und wachsen zu lassen.

Zur Anregung für eine Meditation über die Begegnung bieten wir zwei Hilfen an:

a) Das Bild (s. Seite 16)
Zwei Menschen gehen aufeinander zu, halten sich gegenseitig. Man weiß nicht, wer wen stützt, mehr braucht oder emporzieht. Während die Teilnehmer das Bild betrachten, stellen sich Assoziationen ein, sie verdichten sich zu Aussagen, die man austauschen und mit dem Ziel besprechen kann, sich gegenseitig bei der Suche nach der Mitte des Lebens zu fördern.

b) Hierzu der Text:

Begegnung heißt
zögern und doch weitergehen
auf den anderen zugehen
den anderen sehen so, wie er ist
den anderen sehen so, wie er sein kann
wie er sein möchte, wie er in meiner Sicht
aufgehoben sein wird

das Antlitz des anderen sehen
die Gestalt des anderen wahrnehmen
die Stimme des anderen hören
die Gebärden des anderen achten

Begegnen heißt
entgegengehen
einander anschauen

sich selbst zurücklassen
sich für den anderen öffnen
empfangen
sich schenken
fragen und antworten
ernst nehmen

lachen
sich freuen
umarmen
traurig sein
sich trösten lassen
sich die Hand geben

versöhnen
frei werden
neu beginnen
zusammen ein Stück des Weges gehen
voneinander etwas erwarten
miteinander Neues finden
dasein füreinander.

Im Anschluß an die Verwendung einer dieser Hilfen ist zu überlegen:
- Wohin führen mich Bild oder Text?
- Welche Empfindungen lösen Bild oder Text aus?
- Was kommt bei mir an die Oberfläche des Bewußtseins?
- Welche Schlußfolgerungen für mich, meine Einstellung und Haltung und mein Tun ergeben sich?
- Was können wir jetzt gemeinsam tun?

Beispiel 2

Zum Problemkreis akzeptierende und fördernde Partnerschaft im Rahmen einer immer weiter zu entwickelnden Zusammenarbeit durch Kreativität, Zielstrebigkeit und Mut (Liebe macht erfinderisch!) könnte z. B. eine Meditation über eine aus Indien kommende Parabel[4] hilfreich sein:

» Ein hoher Beamter fiel in Ungnade. Im obersten Raum eines Turmes wurde er eingekerkert. In einer mondhellen Nacht sah er tief unten seine Frau stehen, sie winkte ihm zu und machte sich an der Mauer des Turmes zu schaffen. Für ihn war das unverständlich. Er wartete. Die Frau hatte

[4] Aus: Fermen Nr. 4/1973, zitiert nach dem Thema Arbeitsheft zu aktuellen Themen, vorbereitet für Gruppengespräche, Heft 12/13/1973, „Impulse zur Meditation".

ein honigliebendes Insekt gefangen. Sie bestrich die Fühler mit Honig, sie band einen Seidenfaden an den Körper des Käfers, behutsam setzte sie das Tier mit dem Kopf nach oben an die Mauer, gerade unter dem Fenster im obersten Stockwerk. Der Käfer kletterte langsam dem Geruch des Honigs nach, immer nach oben. Der Gefangene war aufmerksam und lauschte in die Nacht hinein. Da sah er das kleine Tier über die Rampe klettern. Er griff vorsichtig nach ihm. Er löste den Seidenfaden und befreite das Tier. Vorsichtig zog er an dem Faden. Er zog und zog, bald spürte er, wie der Seidenfaden in einen festen Zwirnfaden überging. Auch diesen Faden zog er empor, an dem ein starker Bindfaden befestigt war. Dann zog er eine Schnur nach oben, schließlich war ein starkes Seil angeknotet. Der Gefangene konnte sich am Seil herablassen und war frei. Er ging mit seiner Frau schweigend in die stille Nacht hinein und verließ das Land der Ungerechtigkeit. «

Im Anschluß an diese Geschichte werden die Teilnehmer aufgefordert, zu überlegen:

- Wohin führt mich die Geschichte?
- Was empfinde ich?
- Was kommt bei mir an die Oberfläche des Bewußtseins?
- Welche Schlußfolgerungen für mich, meine Einstellung und Haltung, mein Tun ergeben sich?
- Was können wir jetzt gemeinsam tun?

Es ist anzunehmen, daß auch über diese Meditation der Austausch in Gang kommt und Wege zur Mitte eröffnet.

Beispiel 3

Die Teilnehmer erhalten einen Schlüssel als Meditationsobjekt. Jeder fühlt sich ein: Ein Schlüssel hat glatte Seiten, Ecken und Kanten, rauhe und scharfe Teile; er hat seine bestimmte Form, paßt nicht in jedes Schloß. Aber er entschlüsselt, er schließt, er öffnet, er verschließt, er schließt ab. Ich habe einen Schlüssel in der Hand. Was sagt er mir? Die Teilnehmer schließen die Augen, kommen zu sich und hören auf den eigenen Atem, sie entspannen sich, lassen sich los und hören auf die Stimme, die nun das eigene Denken, In-die-Tiefe-Kommen, Zu-sich-und-anderen-Kommen anregen will.

Dazu der Text:

Ich bin ein Schlüssel,
ein kleiner Schlüssel zugegeben,
und ich passe nicht in jedes Schloß.
Ich bin glatt und habe eine ausgeprägte Form,
und so kann ich meine Mission erfüllen.

Ich wirke kalt,
aber die Hand gibt mir die Wärme, um wirksam zu werden.
Ich bin ein Schlüssel –
eine kleine Nummer unter vielen Schlüsseln.
Manchmal wünsche ich mir, ein Dietrich zu sein,
aber ich bin es schon zufrieden,
wenn ich einige Schlüsselprobleme lösen,
manches entschlüsseln
und manches auch schließen kann.

Wir alle stehen immer wieder vor Schlüsselfragen unseres Lebens.
Wir schließen aus etwas auf etwas,
oder wir schließen etwas auf.
Wir finden für vieles den Schlüssel nicht
und teilen das auch nur verschlüsselt mit.

Wir möchten als Christen
uns entschließen,
uns an andere anschließen,
anschließend an andere tätig werden.

Wir sind entschlossen,
und wir schließen aus Gottes Wort, daß es richtig ist:
die Güter der Erde nicht nach einer fragwürdigen Schlüsselpolitik, sondern gerecht zu verteilen;
die Schlüsselworte der Bibel zu Leitlinien unseres Handelns werden zu lassen.
Eines der Schlüsselworte finden wir im Brief von Paulus an die Galater:
„Einer trage des andern Last.
Damit werdet ihr tun,
was Christus will.“ (6,2)

Ich bin ein Schlüssel.
Gott hat mir Schlüsselerlebnisse vermittelt.
So kann auch ich für andere ein Schlüssel werden,
der verständlich macht, was unverständlich scheint,
der Hintergründe und Zusammenhänge von Sachverhalten durchsichtig macht,
der Türen öffnet, weil er Vertrauensvorschüsse gibt und geduldig versucht
immer der Sache Bestes im Auge zu haben.

Die Gruppe löst sich in Kleingruppen auf. Erlebnisse werden ausgetauscht.

Im Anschluß an diese Meditation werden die Teilnehmer wieder aufgefordert, zu überlegen:

- Wohin führt mich diese Meditation?
- Was empfinde ich?
- Was kommt bei mir an die Oberfläche des Bewußtseins?
- Welche Schlußfolgerungen für mich, meine Einstellung und Haltung, mein Tun ergeben sich?
- Was können wir jetzt gemeinsam tun?

2.5 Management und Meditation

Auf die Fragen:

- Wie können wir zunächst zu uns selbst finden und im Kontakt mit anderen mehr wir selbst sein?
- Wie können wir in Einklang mit unseren wahren Wünschen, Gefühlen und Bedürfnissen leben?
- Wie können wir unsere innere Zerrissenheit überwinden, unsere Möglichkeiten und Fähigkeiten weiterentwickeln und unser Leben reicher und intensiver gestalten? –

lassen sich auf dem Weg über die Meditation Antworten finden. Jeder Mensch – nicht etwa nur der besonders begabte – ist in der Lage, seine im eigenen Inneren schlummernden Kräfte zu entdecken und zu aktivieren. Mancherlei innere Blockaden hemmen oft unsere Selbstentfaltung, nur ein Bruchteil unserer verborgenen Kraft wird von uns genutzt.

Meditation fördert den Angstabbau, löst seelische und körperliche Spannungen, fördert eine größere Bewußtheit und Intensität im Erleben der eigenen Persönlichkeit und der anderen Menschen. Sie fördert die Verbesserung der Kommunikation mit sich selbst und mit anderen. Solche gute und verbesserte Kommunikation aber – über sie wird im nächsten Kapitel gesprochen werden – ist die Voraussetzung für das Arbeiten mit den Methoden des Sozialmanagements.

Wer mit anderen Menschen umgeht, sie zu etwas führen will, sie fordern und fördern möchte, wird viele Wege suchen, wie das am besten geht. Aber nicht nur der beste Weg ist zu suchen, sondern der angemessene, der dem eigenen Menschenbild entsprechende. „Wer das Ziel nicht kennt, wird den Weg nicht finden." Wer selbst keine Mitte hat, kann andere nicht dazu anregen, aus einer Mitte heraus zu leben und zu handeln. Welche Ziele will man angehen, welche Lösungen von Problemen bewertet man wie? Welche Organisationsformen sind die angemessensten für die zusammenarbeitenden Menschen, welches Führungsverhalten ist anzustreben, und wie lauten die Wertmaßstäbe, an denen wir Erfolge und Mißerfolge messen oder gemeinsam unseren Kurs kontrollieren? Die Fragen sind nicht ohne das Nachdenken aller zu lösen, nicht ohne die Rückversicherung anzugehen, ob das, was möglich und machbar erscheint, auch richtig und erstrebenswert ist.

Rückfragen

Formulieren Sie, was für Sie Meditation bedeutet.

Können Sie Ziele, Mittel und Wege der Meditation nennen?

Mit welchem Meditationsobjekt möchten Sie arbeiten,
welche Erfahrungen haben Sie mit einem solchen bisher schon gemacht?

Literatur zum Thema „Meditation"

DÜRCKHEIM, Graf K.: Hara. Die Erdmitte des Menschen. Weilheim 1964.
DÜRCKHEIM, Graf K.: Zen und wir. Weilheim 1961.
DÜRCKHEIM, Graf K.: Der Alltag als Übung. Bern 1962.
FUCHS, J./HARF, A.: Meditieren im Alltag. Friedberg 1969.
HEYER, H.: Denket um. München 1970.
LINDBERGH, A.: Muscheln in meiner Hand. München 1967, dtv Nr. 64.
LOTZ, J. B.: Einübung ins Meditieren am NT. Frankfurt a. M. 1965.
MELZER, F.: Innerung, Stufen und Wege der Meditation. Kassel 1968.
RINSER, L./KETTENBERGER, O.: Nach seinem Bild. Würzburg 1969.
TILMAN, K.: Die Führung zur Meditation. Einsiedeln 1971.
VOLK, G.: Entspannung, Sammlung, Meditation. Mainz 1963; jetzt als Taschenbuch erschienen.

3 Einführung in die Förderung von Kommunikation

Gute Zusammenarbeit in Organisationen ist unter anderem davon abhängig, wie sich ihre Mitarbeiter untereinander austauschen, wie sie miteinander kommunizieren können. Der Vorgang solchen Kommunizierens ist leicht zu beschreiben. Jeder Mitarbeiter ist einmal „Sender“ (die Person, von der der Prozeß ausgeht = Kommunikator), einmal „Empfänger“ (die Person, deren Verhalten beeinflußt wird = Kommunikant) einer Botschaft, die das Verhalten verändern soll (Kommuniqué). Sender- und Empfängereigenschaften wechseln ständig, und man spricht dann von einer guten Wechselbeziehung zwischen aufeinander ansprechenden Partnern (Kommunikation), wenn die Eigenschaften in einem ausgeglichenen Verhältnis stehen. Die Kommunikationsformen sind vielfältig: Sprache, Mimik, Gestik, Symbole, Schrift, Zeichnungen, Rhythmik, Musik, Spiel. Wer viele kennengelernt hat und einige gut beherrscht, ist kommunikationsfähig und hat damit gute Möglichkeiten, sich anderen verständlich zu machen und andere zu verstehen oder sie dazu zu bringen, sich verständlich zu machen. Wichtig ist die Wahrnehmung. In Gruppen beeinträchtigen die aus den jeweiligen Lebens- und Lerngeschichten herrührenden unterschiedlichen Unternehmungen die Kommunikation. Kommunikationsübungen (verbaler und nonverbaler Art) können die Wahrnehmung bewußt und austauschbarer machen, die Kommunikation fördern und Gruppen befähigen, unter sich eine gute Kommunikationsstruktur zu entwickeln.

In einer Gruppe muß dieser Zustand nicht nur erst wachsen, sondern systematisch angestrebt werden. Jedes Gruppenmitglied bringt seine Lern- und Lebensgeschichte, seine Sozialisation mit ein. Die Fähigkeit, sich durch die Sprache zu verdeutlichen (zu verbalisieren) oder durch andere Ausdrucksmöglichkeiten (Gefühlsäußerungen, Körperhaltung usw.) zu äußern, was man denkt, empfindet, mitzuteilen wünscht, ist unterschiedlich entwickelt. Derjenige, der „gut zu Fuß unter der Nase ist“, hemmt den, der ohnedies nach Worten ringt; und der Schlagfertige verurteilt den sprachlich etwas Umständlichen zum Schweigen.

Jedem, der mit Gruppen umgeht, ist die peinliche Situation bewußt, wenn in einer Mitarbeiterbesprechung nach den Worten „des großen Vorsitzenden“ tödliche Stille eintritt – obwohl diese Situation keineswegs ausdrückt, daß hier niemand etwas zu sagen hätte. Unsicherheit charakterisiert einen Zustand, in dem der einzelne, von Ängsten bedrängt, sich fragt: Werde ich hier so aufgenommen, wie ich bin? Wird man ernst nehmen, was ich nur unbeholfen sagen kann? Wird man verstehen, was ich eigentlich auf dem Herzen habe? Kann man mit meinen Wahrnehmungen zur Sache etwas anfangen? Werde ich gleich meiner Unfähigkeiten überführt werden?

Wie kann man zu besserem Austausch motivieren, befähigen, anstiften, ohne zu bedrängen, neue Ängste zu provozieren oder unüberwindbare Barrieren aufzubauen? Ein „spielerischer“ Weg ist der Einsatz von Interaktionsspielen, d.h. Spielen, die das Wechselspiel zwischen aufeinander ansprechenden Partnern beleben, die Hilfen über Hürden leisten. In unserer Alltagssprache drücken wir es im Grunde aus, wenn wir versichern, daß wir diesen Anforderungen „spielend“ gewachsen waren, wenn wir „spielend“ begriffen haben, was der Vortragende ausgeführt hat, oder wenn wir uns „unter Beachtung der Spielregeln“ durchgesetzt haben.

Was also können wir mit Interaktionsspielen oder Kommunikationsübungen erreichen?

Das Sich-gegenseitig-Akzeptieren wie den Angstabbau, eine verbesserte Wahrnehmung, eine Aktivierung bei Müdigkeit und Unlust, die Entwicklung von Vertrauen und Offenheit, die Klärung von Beziehungen, die Ermöglichung eines Feedback, den besseren Umgang mit Einfluß, Macht und Konkurrenz, die Erreichung von Konsens und die Förderung von Kooperation, die Entfaltung der Persönlichkeit.

Interaktionsspiele und Kommunikationsübungen fördern also vielfältig das Kommunizieren, aber nicht weniger ein erfahrungsbezogenes Lernen in der Gruppe. Sie ermöglichen die Konzentration auf einzelne Erlebnispunkte. Gruppenmitglieder können sich in der Übungsphase engagieren, um in der Auswertungsphase ihr vorangegangenes Verhalten in Ruhe miteinander zu besprechen. Dabei fällt es entschieden leichter, als dies bei üblichen Gesprächen möglich ist, sich etwa darüber zu unterhalten: „Was habe ich wahrgenommen? Was habe ich gefühlt? Was bedeutet das für mein Verhalten? Was will ich mit diesen Erfahrungen anfangen?“ Eines freilich zeigen diese Fragen: Will man zu einem ertragreichen Ergebnis über Interaktionsspiele oder Kommunikationsübungen kommen, so muß man sich vor ihrem Einsatz darüber ganz klar sein, was man zum derzeitigen Zeitpunkt mit ihnen erreichen will, welchem Ziel sie dienen, welche Risiken im Hinblick auf Nebenwirkungen solcher Übungen man eingeht (Verführung zu ungewollter Entäußerung, Offenbarung eigener Schwächen usw.). Und man muß prüfen, ob man genügend Zeit zur Auswertung hat; denn erst eine gründliche, behutsam durchgeführte Auswertung macht die Erlebnisse bei einer Übung zu dem Erfolg, der ihren Einsatz rechtfertigt.

3.1 Welche Bedeutung haben Interaktionsspiele oder Kommunikationsübungen im Rahmen des Sozialmanagements?

Diese Frage soll in vier Teilfragen aufgelöst beantwortet werden:

- *Was ist das Ziel, was soll mit den Spielen und Übungen erreicht werden?*

1. Es soll etwas erfahrbar gemacht werden!
   - Was empfinde ich beim Zusammenspiel mit anderen?
   - Was macht es mir aus, daß Spielregeln einzuhalten sind?
   - Was empfinde ich, wenn einer die Spielregeln auf meine Kosten verletzt oder, ohne mich zu fragen, verändert?
   - Wie entdecke ich während eines Zusammenspiels verdeckt vorhandene Spannungen, ihre Ursachen und Ansatzpunkte zur Verarbeitung derselben?
   - Wie klären sich Spannungen am Beispiel; wie arbeite ich sie auf?
   - Wie verdeutliche ich mir und mache auch anderen sichtbar, was beim Zusammenspiel an Erfreulichem gelingen kann und an Belastendem vermieden werden kann?
   - Wie übertrage ich assoziativ die Erfahrungen in Situationen meines Arbeitsalltags?
2. Es soll angeregt werden, miteinander darüber zu sprechen, wie aus Zielfindungs-, Problemlösungs-, Planungs-, Organisations-, Führungs- und Kontrolltechniken gefährliche Manipulierungstechniken werden können, wenn die Auswirkung von neuen Arbeitsweisen, Regeln und Verfahren im Umgang miteinander nicht erlebt und zum Gegenstand gemeinsamen kritischen Nachdenkens gemacht werden.
3. Es soll gegenseitige Offenheit behutsam erreicht und gefördert werden.
   Über das Medium Spiel vermag ich einem anderen viel zu sagen, gewisse Probleme des Kommunizierens zwischen uns anzusprechen und so „spielend" Kontakt mit ihm zu suchen, zu vertiefen und eine bessere Zusammenarbeit mit ihm anzubahnen.
4. Es sollen Hilfen vorgestellt und zur Erprobung angeboten werden, die es ermöglichen, Blockaden beim Kommunizieren abzubauen, und die es dem einzelnen ermöglichen, als Kommunikationspartner zu wachsen.

- *Wozu und wann setzen wir Spiele und Übungen ein?*

1. In der Anfangsphase einer Gruppensituation
   Solche Anfangsphasen treten bei jeder Veränderung der Gruppe immer wieder ein. Die Interaktionsspiele und Übungen dienen
   - als Hilfe zum Kennenlernen,

- als Mittel zum Abbau von Ängsten,
- als Angebot einer ersten ermutigenden Erfahrung im Hinblick auf mögliche Zusammenarbeit,
- als Mittel zur Einübung in Zusammenarbeit und ihre Gesetzmäßigkeiten.

2. Als Mittel zur Hinführung auf das Thema
Selbst, wenn ein Thema interessant, ansprechend, Betroffenheit auslösend ist, kommt man oft schwer heran. Einer Felswand gleich, zeigt es sich in majestätischer Größe, läßt aber eine Zugangsmöglichkeit nicht erkennen. Eine Hinführung zu den hinter dem Thema stehenden Sachfragen, Hintergründen und Zusammenhängen erleichtert den Einstieg. Das kann geschehen durch
   - die spielerische Aktualisierung einer bestimmten Fragestellung,
   - das spielerische „Anreißen" eines Fragenkomplexes,
   - das Provozieren einer Gelegenheit, bei der die eigenen Stärken und Schwächen oder die der anderen im Hinblick auf die Auseinandersetzung mit neuen Sachverhalten deutlich werden.

3. Als Mittel gegen Unlust und Motivationslosigkeit
Auch die lernwilligste Gruppe kann, von Motivationslosigkeit angefallen, schwer ansprechbar werden. Was hilft dann?
   - Ein Blitzlicht, d.h. z.B. das Feststellen der Gruppenbefindlichkeit oder der Befindlichkeit einzelner Gruppenmitglieder durch Aussagen wie: „Ich fühle mich jetzt ...", „Ich möchte jetzt am liebsten ...".
     Dabei wird deutlich, wie es jetzt oder nach einer Pause weitergehen kann.
   - Ein „Schaubild", d.h. z.B.: Auf ein Blatt wird das gerade behandelte Thema geschrieben, das Blatt wird in die Mitte des Gruppenraumes gelegt, und die Teilnehmer stellen sich so nahe bzw. so entfernt davon auf, wie sie sich der Thematik gegenüber fühlen. Jeder begründet die Position, die er bezogen hat. Dabei wird für die ganze Gruppe schnell deutlich, woher „der Wind weht" und was zur Rettung der Motivation getan werden kann.

4. Als Hilfe zur Lösung von Konflikten
Konfliktlösungsrollenspiele oder Übungen, die zum Sich-Hineindenken in den anderen führen, dienen dazu, die Positionen der Kontrahenten zu klären und auch die Ursachen, die zum Konflikt führten, verstehen zu lernen. Alternative Konfliktlösungsvorschläge dienen dem Abbau von Aggressionen, der Lösung von Spannungen und fördern – zunächst spielerisch, dann durch die Übertragung von Erfahrungen in die Praxis – das verstehende „Aufeinanderzugehen".

5. Als Impuls zur Förderung und Entwicklung sozialer Fähigkeiten
   - Jeder wird aufgefordert, sich mit seinen Stärken einzubringen.
   - Jeder Beitrag wird als eine persönliche Entäußerung akzeptiert, mit der es zu arbeiten gilt und deren Bedeutung in der Gesamtdiskussion gemeinsam auszumachen ist.
   - Jede Art von Äußerung (verbal, nonverbal) ist erwünscht.
6. Als eine Hilfe in der Gruppenarbeit, gemeinsame Ziele herauszufinden, die man ebenfalls mit gegenseitiger Unterstützung angehen kann.

- *Was ist beim Einsatz von Spielen und Übungen wichtig?*

Es werden grundsätzlich keine „Spielchen" zum puren Zeitvertreib oder als Possenspiel gemacht.

1. Der Anlaß bedingt den Einsatz und die Auswahl des Spieles oder der Übung. Das heißt, der Einbringende muß genau wissen, zu welchem Zweck und mit welchem Ziel er ein Spiel oder eine Übung verwenden will.
2. Jedes Spiel, jede Übung wird vorgestellt:
   - Welches Ziel soll verfolgt werden?
   - Wie wird das Spiel, die Übung in etwa ablaufen?
   - Wie ist sichergestellt, daß niemand durch das Spiel oder die Übung psychologisiert, interpretiert oder verletzt wird?
3. Die Mitwirkung beim Spiel wird freigestellt.
   Niemand wird gezwungen, etwas zu tun oder zu sagen, wozu er nicht von selbst bereit ist.
   - Wer nicht mitspielt, kann in das Spielgeschehen mit Beobachtungsaufgaben einbezogen werden oder etwas für sich unternehmen. Aber: es gibt keine Zuschauer!
   - Der das Spiel einbringende Gruppenleiter beteilige sich – wann immer möglich – selbst an den Spielen und Übungen!

- *Was muß die Auswertung bewirken?*

Eine gute Auswertung kostet Zeit. Wenn man bei ihr nicht weiterkommt, ist gerade dies zum Gespräch zu machen. In der Regel ergibt sich das Vorgehen bei der Auswertung aus der Zusammensetzung des am Spiel/an der Übung beteiligten Personenkreises und seiner Betroffenheit, aus den Sachproblemen, zu deren Lösung die Spiele oder Übungen beitragen sollen, und aus dem Verlauf derselben.

Drei Fragen könnten dabei hilfreich sein:

- Was habe ich im Spiel erlebt?
  Eine möglichst genaue, für alle sichtbare Auflistung der Äußerungen erleichtert die Aufarbeitung der Auswertungsbeiträge in der Gruppe (was waren Höhepunkte, Tiefpunkte, was hat mir die Augen geöffnet usw.).

– Inwieweit erlebe ich ähnliches in meinem Alltag? Mit dieser Frage kann anhand der Äußerungen zu den aufgelisteten Spielerlebnissen an die Sammlung von Assoziationen gegangen werden:

Erfahrungen im Zusammenspiel	– Erfahrungen in der Zusammenarbeit
Empfindungen in einzelnen Spielphasen	– Empfindungen bei der eigenen Alltagsarbeit

– Was ziehe ich aus diesen Erfahrungen für Schlüsse mit Blick auf notwendige Lernschritte, anzustrebende Ziele und zu verändernde Verhaltensweisen in meinem Alltag?

Die Interaktionsspiele und Übungen sind Werkzeuge, die – situationsgerecht eingesetzt – aufbauende, – tolpatschig eingebracht – vernichtende Wirkung haben können. Die Beachtung der eigenen Kompetenz wird den Mißbrauch der Spiele verhindern, etwa so, wie das Fingerspitzengefühl dessen, der Werkzeuge einsetzt, deren falschen Gebrauch verhindert. Der Gruppenleiter muß entschieden vertreten, daß Spiele und Übungen ernsthafte Angebote sind, die man annehmen oder ablehnen kann. Er muß die Auswahl allein unter dem Gesichtspunkt vornehmen, daß sie Hilfe bringen. Niemand weiß im übrigen, was dem anderen gerade beim Spiel aufgeht, inwieweit er im Innersten betroffen ist oder nicht. Takt und Einfühlungsvermögen sollten den Gruppenleiter dazu befähigen, ein Spiel auch einmal abzubrechen. Gelegentlich müssen Übungen abgebrochen werden, wenn ersichtlich ist, daß sich Teilnehmer unwohl fühlen, daß ein oder mehrere Teilnehmer Störungen einbringen – oder sich gestört fühlen –, daß das Ziel der Übung in Frage gestellt ist oder nicht mehr erreicht werden kann.

In einem solchen Fall ist es wichtig,
- ohne weitere Verhandlung das Spiel abzubrechen und abzusetzen,
- Ursachen und Anlaß der Störung im Hier und Jetzt mit allen Beteiligten zu besprechen;
- zu erörtern, was mit der Übung bewirkt werden sollte;
- zu diskutieren, warum abgebrochen wurde;
- zu erarbeiten, wie man in dieser Lage gemeinsam wieder arbeitsfähig werden kann;
- gemeinsam festzulegen, wie das beabsichtigte Ziel auf andere Weise erreicht werden kann.

Auf diese Weise kann die eingetretene Situation für die Zielerreichung fruchtbar gemacht werden.

Vier Beispiele sollen veranschaulichen, wie Interaktionsspiele bzw. Kommunikationsübungen eingesetzt werden können.

3.2 Kommunikationsübung: „Etwas gemeinsam bauen"

Was soll mit der Übung erreicht werden?

Wenn sich Menschen, die zum Zweck gemeinsamen Tuns zusammentreffen, gegenseitig bekannt gemacht haben, ist es ein Ziel, im Rahmen des „Kennenlernens als Prozeß" eine „arbeitsfähige Gruppe" zu werden. Verschiedene Fragen stehen im Hinblick darauf, daß man über Ziel, Inhalt und Arbeitsweise der Zusammenarbeit zu einer Vereinbarung (Kontrakt) kommen will, zur Klärung an. Aber wie bringt man diese Fragen zur Sprache, wie macht man sie zum Thema?

Mit Hilfe der im folgenden geschilderten Kommunikationsübung ergibt sich die Möglichkeit, viele Fragen, von deren Klärung eine gute Zusammenarbeit abhängt, auf einmal einzuspielen.

Der Verlauf der Übung

Teilnehmerzahl: mindestens 10, höchstens 18.
Benötigte Klötze: 54.
Jeder Teilnehmer erhält drei Holzklötze (geeignetes Format: 25 × 15 × 5 cm). Alle Klötze von gleicher Beschaffenheit und gleichem Format.

Die Übungsanweisung lautet: Wir wollen etwas gemeinsam bauen.

Jeder Teilnehmer legt zunächst einen Klotz. Wenn alle Teilnehmer den ersten Klotz gelegt haben, legt jeder den zweiten Klotz. Der dritte Klotz darf erst gelegt werden, wenn alle den zweiten gelegt haben. (Die Übung vollzieht sich ohne Gespräch untereinander – nonverbal!)

Es entsteht Gebautes – meist ein Bauwerk oder Gebäude –, das in seiner phantasievollen Pracht alle bewegt.

Nun werden die Teilnehmer aufgefordert:

Bitte betrachtet das Bauwerk von allen Seiten, wie könnte man es nennen?

Bitte sprecht in Kleingruppen darüber:

a) Als was haben wir das Gebaute identifiziert?
   Welchen treffenden Namen wollen wir ihm geben?
   Welche unterschiedlichen Wahrnehmungen hatten wir von unterschiedlichen Standorten aus?
   Was gefällt uns an dem Bauwerk?
b) Was haben wir beim Bauen erlebt?
   Höhepunkte:
   Zitterpunkte:
   Wie also haben wir Zusammenarbeit erlebt?
c) Wie stimmt das Erleben beim Bauen mit dem Erleben von Zusammenarbeit überein? (Assoziationen im Hinblick auf die Zusammenarbeit im Alltag)

Was müssen wir im Blick auf unsere Zusammenarbeit hier beachten?

Tragt im Plenum das Ergebnis der Kleingruppen zusammen! Zieht Schlußfolgerungen im Blick auf euch, die Gruppe, euer Verhalten zu Hause.

Der letzte Schritt der Übung wird erst jetzt bekanntgegeben:

Überlegt bitte: Weiß ich noch, welche Klötze ich wann, wo, wie zum Bauwerk beigetragen habe?

Baut das Bauwerk möglichst in der umgekehrten Reihenfolge des Bauens so ab, daß am Ende jeder *seine* drei Klötze wieder in der Hand hat.

Die Auswertung

Zuerst wird Verwunderung darüber laut, daß ein Gebäude entstanden ist. In den Kleingruppen macht es dann Spaß, das Gebäude zu titulieren (Beispiele: Hoffnungsburg, Krumme Kratzer, Sackgassen des Lebens u.a.).

Recht unterschiedliche Empfindungen löst das Gebäude aus (wie: großartig, einfach Klasse, wie scheußlich, bedrückend). Vor allem sind fast immer einzelne Teilnehmer davon überzeugt, daß das Gebäude aus ihrem Blickwinkel „selbstverständlich" am besten aussieht.

Am Schluß ist klar: Von verschiedenen Positionen aus sieht das gemeinsam Geleistete recht unterschiedlich aus. Jeder hat aufgrund seiner Lebens- und Lerngeschichte eben *seine* Assoziationen und *seine* Meinung. Wenn man diese Meinungen gegenseitig ausspricht, lernt man Gemeinsames und Unterschiedliches erkennen. Man kommt zu einem besseren Verständnis.

Die Frage: Was haben wir an Höhepunkten erlebt? – findet meist viele Antworten, die es schriftlich festzuhalten gilt („Als Otto *seinen* Klotz waghalsig auf die Spitze des Turmbaus setzte, ... Als einer eine neue Variante des Legens einbrachte, ...").

Die Zitterpunkte („Er wird doch jetzt das Gebäude nicht zum Einsturz bringen! ... Warum legt er seinen Klotz so weit außen hin?") sind oft mit Höhepunkten identisch („Toll, wie er seinen Klotz so plazierte, daß das Gleichgewicht noch erhalten blieb!").

Die Assoziationen zum Alltag und zur Situation der Gruppe stellen sich schnell ein: „Mir fällt ein, wie unverständlich mir die Reaktionen auf die neue Geschäftsordnung waren, die wir kürzlich doch alle zusammen entworfen hatten." – „Wie schwer fällt es, einen anderen mit einer anderen Meinung zu akzeptieren." – „Auch bei uns zu Hause gibt es viele Kollegen, die rücksichtslos ihre Beiträge und Ideen so einbringen, daß meine Vorhaben zerstört werden." – „Wir zittern oft, wenn einer etwas wagt, und wir freuen uns hinterher auch, daß er dadurch Neues eingeleitet hat."

Gemeinsame Erkenntnisse nach dieser Übung sind unter anderem:

- Solange das Ziel nicht klar ist, ist jeder Weg der richtige.
- Teamarbeit besteht darin, daß jeder nicht nur seinen Beitrag zielorientiert einbringt, sondern daß er auch einfühlend abschätzt, wie, wohin und wann er am besten einbringt, was er zu geben hat.
- Außenseiter können den Prozeß in einer Gruppe ganz gut durcheinanderbringen – aber nicht nur zum Schaden der Gruppe.
- „Für mich wäre es wichtig, einmal selbst zu fühlen, wie das ist, nicht richtig zum Zug zu kommen ..."

Der Schluß der Übung zeigt: Es gelingt vielen, wieder zu den eigenen Klötzen zu kommen. Andere stellen aber verblüfft fest, daß es da Mitspieler gibt, die einfach zulangen und Klötze zu ihren eigenen erklären, obwohl das nicht stimmt. Hatte man nicht genau gewußt, was man zum Werk unverwechselbar beigetragen hatte? Und nun wird das von anderen mit Urheberrecht beansprucht?

Das Aha-Erlebnis ist: So war es doch im Berufsalltag und des öfteren im Alltag!

„Ich kann Ihnen berichten, daß ich meinen Finanzhaushalt mit größter Sparsamkeit durchgezogen habe" – so heißt es angesichts einer befriedigenden Bilanz. Oder – wenn die Bilanz nicht wie gewünscht aussieht: „Mit diesen Kollegen war nicht mehr zu erreichen."

3.3 Kommunikationsübung: „Schlüpfe in meine Schuhe, und gehe eine Meile mir mir" (Mokassinübung)

Was soll mit der Übung erreicht werden?

Wenn sich Menschen zu einer Gruppe zusammenfinden und feststellen, daß sie nicht in allem einer Meinung sind, aber – um der Sache willen – gut miteinander auskommen und zusammenarbeiten wollen, dann ist die Mokassinübung eine gute Übung, um zu lernen, sich in einen anderen hineinzuversetzen.

Der Verlauf der Übung

Teilnehmerzahl: mindestens 10, höchstens 20.

Den Teilnehmern wird folgende Instruktion gegeben:

Setzt euch bitte alle in einen Kreis. Wir machen eine Übung, die uns befähigen soll, uns besser in einen andern hineinzuversetzen. Es gibt ein indianisches Sprichwort, das etwa so lautet: Du lernst einen Menschen erst dann kennen, wenn Du mindestens eine Meile mit ihm in seinen Mokassins gegangen bist.

Deshalb wurde diese Übung auch „Mokassinübung" genannt.

Man motiviert die Teilnehmer etwa durch Fragen wie:

Wer erinnert sich an eine Auseinandersetzung, die er mit einem Kind, Erwachsenen oder Mitarbeiter hatte und bei der die Frage zurückblieb: Was wollte der eigentlich von mir, was ist mit dem los?

Einer erklärt sich bereit, einen Fall einzubringen und die Frage, die blieb, zu schildern.

Beispiel: „Als ich zur Fortbildung fuhr, habe ich mich von allen Gruppenkindern verabschiedet. Ilse, der ich, seit sie da ist, immer besondere Zuwendung gebe und die mir viele Schwierigkeiten macht, spielte wild und trat mich. Sie zeigte sich wieder einmal mit allen ihren Schattenseiten – als ob ich niemals etwas für sie getan hätte . . ."

Jetzt fragen alle Teilnehmer so lange nach Ilse (nach Größe, Alter, Interessen, Beziehungen zu Gleichaltrigen, Beziehung zu dem Einbringenden usw.), bis Ilse für alle „mitten im Raum" steht. Der Einbringende hört nur noch zu. Die anderen „schlüpfen in die Schuhe von Ilse" und sprechen so, wie Ilse wohl reden würde, wenn sie das sagen könnte, was sie bewegt. Ilse bekommt also so viele Stimmen, wie Teilnehmer im Kreis sitzen, und äußert sich auf (ebenso) viele unterschiedliche Weisen. Der Einbringende hat damit die Chance zu überlegen: Was erfahre ich da, was auch der Grund für Ilses Verhalten sein könnte? Neben seine eigene Deutung des Geschehens tritt die der anderen, und es wird ihm klar, wie viele Möglichkeiten es für ihn gibt, den Faden zu Ilse wieder aufzunehmen. Eine Erkenntnis beflügelt ihn. Was er als Ablehnung, ja Ausstoß erlebt hat, könnte die Äußerung innigster Zuneigung sein.

Die Auswertung

Die Übung verhilft uns dazu, einen Menschen besser zu verstehen oder ihn nicht aufzugeben. Sie liefert aber auch viele – manchmal harte – Impulse, uns selbst, unsere Haltung, unsere Einstellung oder unser Verhalten kritisch zu überdenken.

3.4 Kommunikationsübung: „Einfühlen in die Struktur eines anderen" (Übung mit Klötzen)

Was soll mit der Übung erreicht werden?

Es bedarf einigen Fingerspitzengefühls, um sich in die Situation eines anderen Menschen einzufügen. Diese Übung soll darauf aufmerksam machen, wessen es bedarf, die Struktur des anderen zu „begreifen".

Der Verlauf der Übung
Teilnehmerzahl: höchstens 20.

Immer zwei Teilnehmer machen zusammen eine Übung. Jeder Teilnehmer erhält drei Holzklötze (25 × 15 × 5 cm). Die Übung verläuft nonverbal. Die zwei Teilnehmer setzen sich einander gegenüber. Der eine schließt die Augen, der andere legt mit drei Klötzen eine Figur. Er führt die Hände des Partners an diese Figur heran. Der Partner hat nun die Figur abzutasten und mit seinen Klötzen genau nachzulegen.

Ist er mit dem Vorgang fertig, wechseln die Rollen. Am Ende war jeder einmal Vorleger und einmal der Nachempfindende.

Auswertung

Die Übung verhilft zu der Erfahrung, wie schwierig es ist, eine klare Struktur, die vorgegeben ist, mit den Fingerspitzen zu erfassen, sich über die Finger im Kopf ein Bild zu machen und dieses Bild blind nachzubauen. Interessant ist es dabei, die Hände des Suchenden zu beobachten. Man wird nie wieder vergessen, was Fingerspitzengefühl heißt.

Die Übung kann auch mit Papierservietten variiert werden. Jeder der beiden Partner erhält dann eine Papierserviette. Der eine faltet (die Übung verläuft ebenfalls nonverbal) seine Serviette, der andere muß sie ihm nachfalten. Er hat dabei spiegelverkehrt zu arbeiten. Was beide Partner bei diesem Vorfalten und Nachfalten erleben, ist: wie schwierig es ist, sich in die oft komplizierten Faltungen des anderen hineinzudenken und sie, auf den eigenen Standort bezogen, nachzuvollziehen.

3.5 Kommunikationsübung: „Die Faust“

Was soll mit der Übung erreicht werden?

Es gibt Situationen in der Gruppenarbeit, in denen der Eindruck vorherrscht, daß die Teilnehmer dem Dozenten oder Gruppenleiter mit dem Gefühl gegenübersitzen: „Nun streng dich mal an und gib dir Mühe, uns etwas beizubringen. Wenn wir nichts lernen, ist es deine Schuld.“

Der Verlauf der Übung
Teilnehmerzahl: beliebig.

Die Teilnehmer werden aufgefordert, im Raum herumzugehen, zunächst wahrzunehmen: In welchem Raum befinden wir uns? Wer befindet sich in diesem Raum? Bekannte können mit Augenzwinkern begrüßt werden, jedoch soll nicht gesprochen werden. Einem alten Bekannten kann man die Hand schütteln. Wenn so nach einiger Zeit bei allen die Sicherheit und Ruhe eingekehrt ist: „Im Grunde kennen wir uns alle", blinzelt jeder einen an, den er gerne als Partner für eine Übung gewinnen möchte. Reagiert der so Angeblinzelte, haben sich zwei gefunden. Wenn aus der Gesamtgruppe lauter Zweierpaare geworden sind, beginnt die eigentliche Übung.

Die Anweisung lautet:

Bestimmen Sie, wer von Ihnen A und wer B ist.

Wenn die Entscheidung auf diese Anweisung hin gefallen ist, lautet die nächste Frage: Unterhalten Sie sich darüber, ob die Art und Weise, wie Sie diese Entscheidung getroffen haben, für sie typisch ist?

Es entsteht sofort ein sehr lebhaftes Gespräch. Das Ergebnis dieses Zweiergespräches bleibt unausgewertet das Geheimnis der zwei Partner.

Die nächste Spielanweisung lautet:

Der Partner A macht eine Faust. Der Partner B versucht, diese zu öffnen, jedoch nicht mit Gewalt oder Tricks. Wenn die Faust geöffnet worden ist, wechseln die Rollen: Partner B macht eine Faust und Partner A versucht, diese zu öffnen.

Nachdem diese Übung abgeschlossen ist, hat jeder erfahren: Mit Gewalt kann ich nichts erreichen. Ich muß überzeugen. Es gelingt mir nur, den anderen dazu zu bringen, seine Hand zu öffnen, wenn ich ihn im Blick habe, wenn ich aufmerksam auf Nuancen seines Ausdrucks achte.

Ein Fazit dieser Übung ist:

Der Dozent oder Gruppenleiter kann soviel bieten wie er will, wenn der Zuhörer oder das Gruppenmitglied die Hand nicht öffnet, sich nicht öffnet, bleibt alle Mühe vergebens.

Diese Übung kann als Grundlage für einen zu schließenden Kontrakt, eine Zusammenarbeit, verwandt werden.

Rückfragen

Was sind wichtige Voraussetzungen für gelungene Kommunikationen?

Schreiben Sie sich auf, welche Kommunikationsbarrieren Sie bei Anfangsphasen der Gruppe erlebt haben? – Wie könnten Sie dieselben über Kommunikationsspiele oder -übungen angehen?

Wo könnten Sie die beiden als Beispiele genannten Übungen einmal einsetzen?

4 Einführung in Methoden produktiver Teamarbeit

Wie man zusammen mit anderen Ideen produzieren lernen kann
– oder:
Methoden produktiver Teamarbeit

Jeder hat schon einmal erlebt,
- wie eine wichtige Besprechung in der Sackgasse endete,
- wie man aus einer verfahrenen Situation einfach keinen Ausweg fand,
- wie man vor einem Problem stand, zu dem einem keine Lösungen einfielen,
- wie man einen Ausflug plante und einem keine spritzigen Ideen dazu kamen.

Gerade auch in schwierigsten Situationen benutzen wir häufig ausgefahrene Gleise, wir sind wie „vernagelt", wir fühlen uns hilflos. Gar nicht selten ist es dann so, daß man sich, anstatt Probleme zu lösen, immer mehr in Probleme verrennt.
- Wie kann der Speiseplan bereichert werden?
- Wie können wir in unserem Stadtteil einen Tag für „Sozialhilfeempfänger" gestalten?
- Wie finden wir in unserer Teestube mehr Zeit für bedürfnisorientierte Kleingruppengespräche?

Derartige Fragen werden oft zu einer ständigen Belastung. Methoden produktiver Teamarbeit können in solchen und ähnlichen Situationen eine gute Hilfe sein, um unseren eigenen Ideenreichtum wieder in Gang zu bringen. Ist das erst einmal gelungen, können wir im Regelfall vor uns liegende Probleme origineller und vielfältiger lösen.

Wer Methoden produktiver Teamarbeit anwenden will, geht zunächst davon aus, daß eine Gruppe immer über einen größeren Ideenreichtum verfügt als jeder einzelne in der Gruppe. Meist wird die Ideensammlung um so bunter und origineller, je unterschiedlicher (z. B. nach Beruf, Alter, Geschlecht) die Gruppe zusammengesetzt ist.

Eine unter diesen Voraussetzungen zusammengestellte Gruppe, die etwas erarbeiten soll, nennt man heutzutage ein Team (z. B. ein Autorenteam, ein Mitarbeiterteam).

Zunächst müssen einige *Voraussetzungen* gegeben sein, wenn wir „erfolgreich" Ideen produzieren sollen:
- Die Gruppenmitglieder müssen die innere Bereitschaft haben, zusammen mit anderen Ideen für eine Problemlösung oder eine Zielsetzung zu entwickeln.
- Die Gruppenmitglieder müssen einander als gleichberechtigt anerkennen.

- Jede geäußerte Idee wird festgehalten (aufgeschrieben).
- Die geäußerten Ideen dürfen *nicht kritisiert* werden.
- Die Gruppe wählt von Sitzung zu Sitzung ihren Leiter (möglichst im Reihumverfahren). Der Leiter hat nur die Aufgabe, dafür zu sorgen, daß die vorgenannten Bedingungen eingehalten werden. Ein Gruppenmitglied (Schriftführer) bringt die geäußerten Ideen zu Papier. Selbstverständlich beteiligen sich der Teamleiter und der Schriftführer an der Ideenproduktion. Soweit erforderlich einigt sich das Team auf einen „Sprecher", der das gemeinsam erarbeitete Arbeitsergebnis im Plenum vorträgt.

4.1 Brainstorming

Wir brauchen große Papierbögen und farbige Filzschreiber, damit unsere Ideen für alle sichtbar festgehalten werden können. Die Gruppe (5–8 Mitglieder) setzt sich im Halbkreis um die Papiertafel und unser „Gehirnstürmen" (Brainstorming) kann beginnen. – Nein, einen Moment noch, erst muß allen Teilnehmern das Thema bekannt sein:
Vielleicht geht es heute darum, Ideen zu finden für die „Gestaltung eines Altennachmittags im Stadtteil".
Jeder kann sich also frei äußern, der Schriftführer hört gut zu . . . die Ideen purzeln, vielleicht so (oder auch ganz anders):

Kinderchor singt Volksweise
Geschichten aus der Heimat
Alt werden – jung bleiben
Bowle reichen
Saal ausschmücken
Wettbewerb: Die schönste Geschichte
Der Witz des Tages
Die goldenen 20er Jahre
Polka für das alte Tanzbein

Im Regelfall wird man nach 15 Minuten merken, daß der Ideenfluß abnimmt. Spätestens dann sollte man das Brainstorming abbrechen und eine „Denkpause" einlegen. Erst nach weiteren 10–15 Minuten beginnt die Gruppe, die Ideen – gemäß der geäußerten Reihenfolge – zu werten, aber bitte nicht nach dem Werturteil: diese Idee ist gut, jene ist schlecht. Solche Art von Wertung ist zwar üblich, aber ungeschickt, denn sie entmutigt möglicherweise die einzelnen Ideenträger. Die Gruppe einigt sich vielmehr zu Beginn der Bewertungsphase auf bestimmte *Sachkriterien,* wie z. B.:

– Erfreut diese Idee besonders die Betroffenen?

- Was kostet überschlägig die Verwirklichung dieser Idee – ist das Geld dazu auch vorhanden?
- Haben wir die personellen Möglichkeiten, diese Ideen zu verwirklichen?

Dies sind nur einige Fragestellungen, nach denen wir sachorientierte Ideen bewerten können. Manche Ideen, die solchen Fragen nicht standhalten, wird man nach der Devise „Laßt uns kleinere Brötchen backen" realistischer formulieren können und deshalb nicht verwerfen müssen.[5]

4.2 Brainwriting

Wir können aber auch ganz anders an gute, originelle Ideen herankommen. Die meisten haben das sicher auch einmal – wenigstens im stillen Kämmerlein – für sich probiert: Sie standen vor einem Problem und schrieben auf ein Blatt Papier, was ihnen an Lösungen einfiel. Eben dies können wir auch in der Gruppe tun. Die Gruppenteilnehmer konzentrieren sich zunächst für einige Minuten auf ihre eigene Ideenproduktionen. Dazu erhält jedes Gruppenmitglied ein Stück Papier und äußert darauf seine frei produzierten Ideen, z. B. zum Problemthema: „Wie können wir die Zusammenarbeit zwischen den Mitarbeitern verbessern?" Nach 3–5 Minuten gibt jeder seinen Ideenbogen an den rechten (oder auch linken) Nachbarn weiter. Nun schreibt jeder auf dem erhaltenen Bogen – vielleicht neu angeregt durch die Ideen des Nachbarn – weiter. Die Bögen wechseln in entsprechenden Abständen, bis sie wieder beim Erstschreiber angelangt sind. Staunend wird man in der Regel feststellen, wozu man mit den eigenen Ideen die anderen angeregt hat, wie aber auch andere die eigene Kreativität vorangetrieben haben. Die Teilnehmer können die Ideenketten ihrer Bögen vorlesen, der Protokollführer kann sie auf einen großen Bogen Papier an der Wand für alle sichtbar aufschreiben. Ideen, die mehrfach genannt sind, brauchen natürlich nicht mehrmals auf das Wandpapier geschrieben zu werden. Die Gruppenmitglieder werden am Ende dieses Arbeitsschrittes feststellen,

- welchen Ideenreichtum bei den anderen die eigene Ideenproduktion ausgelöst hat;
- wie groß der Ideenreichtum einer Gruppe insgesamt sein kann;
- wo Ideen der anderen den eigenen Ideenfluß gehemmt haben.

Aus der Praxis ein *Beispiel* für eine solche Ideensammlung:
Thema: „Wir wollen freiwillige Helfer für unsere Obdachlosensiedlung gewinnen"

[5] Vgl. G. S. Odiorne: Management by objectives. München 1973, S. 124.

Wir arbeiteten in drei Kleingruppen. Jede Kleingruppe hatte 4 Minuten Zeit zur Ideensammlung, dann wurde das Papier an die nächste Kleingruppe weitergegeben.

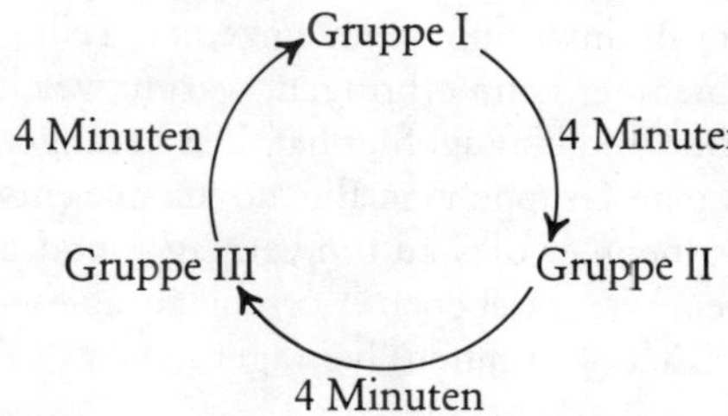

Am Ende der Umläufe hatte jede Kleingruppe ihr ursprüngliches Arbeitspapier wieder in der Hand. Ein Arbeitspapier enthielt folgende Ideen:

4 Minuten

1. Umlauf:
- Werbeplakate in Geschäften aushängen
- In den Zeitungen annoncieren
- Im Wochenblatt gezielte Sozialhilfefälle konkret darstellen
- Über die Volkshochschule entsprechende Vorträge mit Diskussion veranstalten
- Straßenstände machen, die das Problem verdeutlichen
- Flugblätter in allen Haushalten verteilen
- Zu Gruppenbesichtigungen in die Obdachlosensiedlung einladen

4 Minuten

2. Umlauf:
- Die Pfarrer motivieren
- Die örtlichen freien Wohlfahrtsverbände anregen
- Den Jugendring zur Mitarbeit auffordern
- Einen Bazar für Obdachlosenarbeit mit Infostand
- Bei Frauengruppen werben

4 Minuten

3. Umlauf:
- Kneipenbesuche zur Werbung durchführen
- Mit Jugendorganisationen der politischen Parteien sprechen
- Pfadfinder werben
- Alleinstehende gezielt ansprechen
- Bei vorhandenen Selbsthilfegruppen werben
- Straßenfeste mit Werbecharakter organisieren
- Werbeaufkleber verteilen
- Bei Arbeitslosen und Rentnern werben

Die Auswertung erfolgte im übrigen wie unter der Methode Brainstorming beschrieben.

Die Auswertung innerhalb der einzelnen Kleingruppe (oder bei anderer Formierung zum Brainwriting: beim einzelnen Teilnehmer) bzw. im Gremium aller Teilnehmer kann erbringen, warum welche Gruppe/wer was niedergeschrieben und hinzugefügt hat. Das herangezogene Beispiel zeigt deutlich, daß eine Gruppe eine Eigendynamik entwickelt – mehr als ein einzelner Teilnehmer dies zu tun vermag – und daß sich dies in der Menge der niedergeschriebenen Vorschläge ablesen läßt. Hierzu kann die Kürze der Zeit (4 Minuten) beitragen.

4.3 Synektik

Stellen Sie sich bitte vor, daß ein Altenheimleiter zusammen mit Mitarbeitern seines Hauses seit langem darüber nachdenkt, wie ehrenamtliche Helfer zu gewinnen wären, damit personelle Engpässe besser bewältigt werden können. Man selber ist so sehr mit diesem Thema befaßt, daß niemandem mehr dazu etwas Vernünftiges einfällt. Da erinnert sich der Heimleiter, daß er ja mit seinen Mitarbeitern ein Brainstorming machen könnte. Aber ob das was bringt bei den „eingefahrenen Gleisen"? Da kommt ihm die „rettende" Idee: Weg von den alten Gewohnheiten, weg von den eigenen Problemen! Er stellt den Mitarbeitern das Thema: „Wie kann der Fußballclub Rot-Schwarz Neustadt seine Kinderarbeit aktivieren?" Er kündigt dabei an, daß man mit einer Zweischrittmethode zu neuen Lösungen kommen will. Der erste Schritt bringt spielerisch Lösungen für das Fremdthema. Der zweite Schritt überträgt für das Spielthema gefundene Lösungen auf den „Ernstfall".

Eines weiß unser Altenheimleiter: Wenn es ihm gelingt, seine Mitarbeiter zunächst richtig in das „Fremdthema" einzustimmen, werden sie richtig Spaß an der Ideenfindung bekommen, weil sie das Gefühl vermittelt erhalten: Endlich mal frei von der eigenen Problemlösungssituation, endlich einmal für andere Lösungsideen entwickeln! Man kann sich vorstellen, daß es recht locker und heiter in der Gruppenarbeit zugeht.

Hat die Gruppe diese Arbeit am „Fremdthema" getan, geht es darum, daß sie nach einer Arbeitspause versucht, die so gefundenen Ideen in das eigentliche Ernstthema zu übersetzen. Diese Methode des Übertragens von Ideen nennen wir „Synektik".

Der Gruppenleiter sollte die Gelegenheit nutzen, der Gruppe im Anschluß an die erste Übertragungsarbeit zu erklären, daß Synektik sinnvoll angewendet werden kann, wenn es sich um die Sammlung für eine

Problemlösung handelt, von der die Teilnehmer stark berührt/betroffen sind. Ein direkter Problemlösungsversuch hätte deshalb nur geringe Aussicht, aus den alten, nie gelungenen Problem„lösungs“versuchen herauszukommen.

Thema:
Wie kann der Fußballclub Rot-Schwarz Neustadt seine Kinderarbeit aktivieren?

Ideensammlung
....
....
....
....
....
....

Thema:
Wie können wir ehrenamtliche Helfer für unser Altenheim gewinnen?

Ideensammlung
....
....
....
....
....
....

Auch diesmal kann die Auswertung der Ideen wieder methodisch – wie bei der Methode des Brainstorming beschrieben – vorgenommen werden. Es ist ebensogut möglich, daß sich die Gruppe auf andere, eigenständig miteinander entwickelte Auswertungsverfahren einigt. Wesentlich ist nur, daß die Gruppenmitglieder erleben, daß die von ihnen gemeinsam gefundenen Ideen nicht einfach „im Raum hängenbleiben“. Sie müssen vielmehr erfahren, daß die gemeinsame Ideenproduktion auch „Folgen“ auslöst. Deshalb ist es wichtig, daß jede einzelne Idee gemeinsam von der Gruppe wenigstens auf die folgenden zwei Fragestellungen hin untersucht wird:
– Wie wichtig ist die Idee?
– Ist die Idee realisierbar?
Die Gruppenmitglieder stellen auf diese Weise fest, daß jeder die Ideen des anderen ernst nimmt. Übrigens ist das kein alltägliches Erlebnis! Die Gruppenmitglieder können dabei auch erfahren, daß mancher Gedanke, den man auf den ersten Blick für absurd hält, bei näherem Hinschauen gar nicht zu verwerfen und vielleicht sogar zu verwirklichen ist.

4.4 Little Technik

Eine weiterführende Methode zur eben beschriebenen Synektik ist die „Little Technik" (kleine Technik). Sie zeichnet sich dadurch aus, daß das eigentliche Thema doppelt (paradox und negativ) verfremdet wird, damit die Gruppe der Ideenproduzenten möglichst „weit ab" vom Ernst beginnen kann, um in insgesamt drei Arbeitsschritten doch recht schnell beim eigentlichen Thema zu sein.

Die Ideen werden also wieder nach der Brainstorming-Methode auf Papiertafeln gesammelt:

1. Negativverfremdung
2. Assoziationen zum entsprechenden positiven Thema
3. Assoziationen auf das eigentliche Thema

Konkret kann dies heißen: Die Gruppe erhält die Aufgabe, im *1. Schritt* Ideen zu sammeln zum Thema:

„Welche Eigenschaften und Verhaltensweisen muß ein Gastwirt haben, um sein Publikum zu vergraulen?"

Im *2. Schritt* geht es folgerichtig um die Ideensammlung zum Thema:

„Welche Eigenschaften und Verhaltensweisen muß ein Gastwirt haben, damit sich seine Gäste im Lokal wohlfühlen?"

Und im *3. Schritt* wird es ernst, das Thema kann dann beispielsweise heißen:

„Welche Eigenschaften und Verhaltensweisen muß ein Werkstattleiter haben, damit sich seine Mitarbeiter in der Werkstatt wohlfühlen können?"

Diese Methode der Little Technik kann man anwenden, wenn man vermutet, daß die Ideensammler vom Ernstthema besonders berührt sein müssen. In solchen Fällen würde die „Direktkonfrontation" kaum geeignet sein, locker und möglichst originell Ideen zu produzieren. Nach unseren Erfahrungen hat die Negativverfremdung auch den Vorteil, daß gerade durch sie ein konkretes Vorstellungsvermögen mit nötigem Humor geweckt und zur Sprache gebracht wird. Im übrigen gilt das, was unter „Synektik" für die Übertragung auf den Ernstfall ausgeführt wurde (vgl. S. 37 f.), auch für dieses Verfahren. Das folgende *Beispiel*

1. Schritt: „Was muß ein Pfarrer tun/sein, um der Gemeinde den Gottesdienst zu vergraulen?“	*2. Schritt:* „Was muß ein Pfarrer tun/sein, damit sich die Gemeinde im Gottesdienst wohlfühlt?“	*3. Schritt:* „Was muß ein Vollzugsdienstleiter tun/sein, damit seine Mitarbeiter sich wohlfühlen?“
15 Minuten	15 Minuten	20 Minuten
Monologe halten	Zur Sonntagswanderung aufrufen	Gute Auffassungsgabe
Sehr lange predigen	Skatabende veranstalten	Menschenführung/Behandlung
Sehr progressiv predigen	Vorbild sein	Aufgeschlossen
Viel von Gott sprechen	Guten Draht zu Petrus haben	Kein Neger[6]
Keine zwischenmenschlichen Beziehungen herstellen	Bundesliga-Ergebnisse bekanntgeben	Offen
Kaugummi kauen	Kaffeefahrten durchführen	Erfahrungen
Moralisieren	Verlosungen durchführen	Diskussionsfreudig
Auf die Anwesenden schimpfen	Bescheidene Lebensweise	Teamfähig
Auf die Jugendlichen schimpfen	Im frisch gereinigten Talar erscheinen	Anpassungsfähigkeit
Heizung abstellen	Keinen Knoblauch essen	Durchsetzungsfähig
Weihnachten die Kirche schließen	Klimaanlage	Dem Chef gewachsen sein
Falsch singen	Diskutieren	Ruhig, sachlich, ausgeglichen
Moderne Musik aufführen lassen	Ruhe ausstrahlen	Ein Ohr für die Untergebenen haben
Zu große Kollekte fordern	Zuhören	Organisationstalent
Während der Predigt rauchen	Eheprobleme lösen	Klare Entscheidungen treffen
Bier trinken und gähnen	Verständnis zeigen	Konsequent sein
Unanständige Witze erzählen	Messe später lesen	Nicht nachlässig sein
Gammler an den Altar holen	Aktiv Fußball spielen	Kühler Kopf in allen Lebenslagen
Sich für *eine* Partei einsetzen	Jung sein	Deutlich sprechen
Den Meßwein aus der Flasche trinken	Gemeindemitglieder besuchen	Einfühlungsvermögen
Zu spät kommen – selten anzutreffen sein	Am Geburtstag Wein verschenken	Gemeinschaftsabende durchführen
Zu früh gehen	Stühle polstern	Trinkfest sein
Schlampig herumlaufen	Gemeindemitglieder mit Taxen zur Kirche fahren	
Sich bei Beerdigungen betrinken		
Dickes Auto fahren		

[6] Wir haben diskriminierende Äußerungen (wie z.B. „Kein Neger“) bewußt in dieser Wiedergabe nicht getilgt, um klarzumachen, mit welcher Umsicht der Gruppenleiter an eine Auswertung der Übungsergebnisse heranzugehen hat, daß er hier sicherlich hinterfragen lassen muß, warum ein Farbiger angeblich nicht geeignet ist, als Vollzugsdienstleiter seine Mitarbeiter positiv zu beeinflussen.

zeigt (in unveränderter Wiedergabe der in der Gruppe entstandenen schriftlichen Angaben), was in der Praxis bei einer solchen Arbeit herauskommen kann.

Bei Anwendung der dargestellten Methoden ist es wesentlich für die beteiligten Mitarbeiter, wie mit den gesammelten Ideen weiter umgegangen wird. Dies wird unter anderem in den Kapiteln 5 (Zielfindung) und 6 (Problemlösung) ausgeführt.

Eine Möglichkeit besteht z. B. darin, die gesammelten Ideen an Fachexperten (wie Psychologen, Pädagogen, Theologen, Juristen, Sozialarbeiter) weiterzuleiten, mit der Bitte um Überprüfung, welche vorgegebenen Themen aus der jeweiligen Sicht unter welchen Bedingungen und gegebenenfalls mit welchen inhaltlichen Modifizierungen wichtig und realistisch genug sind, um weiter bearbeitet zu werden. Auf diese Weise kann die Ideensammlergruppe durch das mündliche und schriftliche „Feedback" der Experten zu einer Auswahl (1. Bewertung) der gemeinsam produzierten Ideen kommen. Dieses Verfahren wird auch als „Delphi-Methode" bezeichnet.[7]

Man kann sich gut vorstellen, daß Ideenfindungsgruppen je nach dem Thema, um das es geht, oder auch nach der Situation, in der sich die Gruppe gerade befindet, selber weitere Methoden produktiver Teamarbeit entdecken. Wichtig im Umgang mit diesen Methoden ist, daß jedes Gruppenmitglied sich ständig zur Originalität ermutigt. Immer wieder stehen wir in der Gefahr, Probleme mit „tierischem" Ernst lösen zu wollen. In solchen Situationen neigen wir dazu, Methoden produktiver Teamarbeit als alberne, nutzlose Spielchen abzutun. Vielleicht ist es in diesem Zusammenhang angebracht, danach zu fragen, wie es eigentlich in Kunst und Wissenschaft zu wirklichen Entdeckungen, Schöpfungen und Entwicklungen gekommen ist. Fast immer doch dadurch, daß es Menschen gegeben hat, die sich nicht damit zufriedengaben, daß alles so ist, wie es nun mal ist; daß es Menschen gab, die Probleme nicht immer auf die gleiche Weise lösen wollten. Neue Entwicklungen wurden vor allem durch die Menschen in Gang gesetzt, die spielerisch mit Gedanken, Problemlösungen und Hilfeangeboten umgingen. Vielleicht tut es deshalb auch für die eigene Arbeit gut, wenn wir spielerischer – und das heißt zugleich – kreativer und produktiver ans Werk gehen.

Freilich, viele von uns trauen sich zunächst nur schwer an solches Tun.
Werden die anderen über meine Ideen lachen?
Ist meine Idee überhaupt etwas wert?
Bin ich überhaupt in der Lage, etwas Originelles zu denken?

[7] Vgl. G. W. Tumm: Erfolg durch bessere Entscheidungen. München 1975, S. 131 ff.

Das sind nur einige jener ängstlichen Hemmungen, die uns zunächst an der freien Ideenproduktion hindern. Deshalb ist es gut, wenn wir uns in ein regelrechtes Ideentraining begeben. Je intensiver wir es tun, um so mehr werden wir erleben – gerade auch als alter Mensch –, welche Schätze an Kreativität in uns verborgen sind.

Methoden produktiver Teamarbeit können geeignet sein, diesen Reichtum in uns ans Licht zu bringen, zur Freude und zum Nutzen für viele Mitbürger.

Rückfragen

Nennen Sie die Regeln, die notwendig sind, um in einer Gruppe möglichst originelle Ideen gemeinsam zu produzieren.

Welche der kurz umrissenen Methoden produktiver Teamarbeit sagen Ihnen besonders zu?

In welchen Gruppensituationen würden Sie mit Brainstorming arbeiten?

Bei welchen Problembereichen würden Sie auf alle Fälle auch die Delphi-Methoden einsetzen?

Wo liegen Ihrer Ansicht nach die Grenzen im Umgang mit Brainstorming-Methoden?

5 Zielfindung

„Solange das Ziel nicht feststeht, ist jeder Weg der richtige."
„Wir wissen zwar noch nicht, wohin – aber dafür sind wir früher dort."

Zwei humoristische Anmerkungen zu der ernsten Frage: Müssen wir denn immer von Zielen reden? – Wir sollen doch spontan und kreativ reagieren!

Ziele zu finden und sie durchsichtig zu machen, d.h., sie als erreichbar darzustellen, ist eine Kunst – eine erlernbare! Eines also sollten wir zu beantworten versuchen: *Was wollen wir erreichen?*

Die Zusammenarbeit in einer Organisation wird für den einzelnen umso einsichtsvoller oder durchsichtiger und für die Organisation insgesamt umso reibungsloser, je mehr Übereinstimmung zwischen den Zielen der Organisation und denen der einzelnen Mitarbeiter besteht. Unter einer derartigen Voraussetzung können Ziele nicht einfach von oben nach unten auferlegt werden, die Mitarbeiter der Organisation haben sich vielmehr gemeinsam an die Zielfindung und -definition zu begeben.

Im weiten Feld der Sozialarbeit haben viele Ziele vorrangig etwas zu tun mit Wertvorstellungen (wie z.B. mit einem religiös bestimmten Menschen- und Weltbild), die im wesentlichen ihre Quellen jenseits der menschlich begrenzten Vernunft haben. Manche Ziele aber haben ihren Ursprung in einem ideologisch bedingten Menschen- und Weltbild, das sich im Unterschied zu dem religiösen aus vorwiegend vernunftorientierten Einstellungen ableitet. Es darf nun nicht übersehen werden, daß es im sozialen Arbeitsfeld engagierte Mitarbeiter gibt, die weder ein religiös noch ein ideologisch bestimmtes Menschenbild akzeptieren können, die vielmehr einzelne humane Wertvorstellungen – wie z.B. absolute Gewaltfreiheit, alternativen Lebensstil und anderes – für sich und andere zu verwirklichen suchen.

Es geht in der Sozialarbeit nicht darum, ein für alle verbindliches Menschenbild zu formulieren oder Wertvorstellungen zu einem „Eintopf" zusammenzumengen. Schon aus Gründen des Respekts vor dem anderen oder dessen Einstellung darf dies nicht geschehen. Aber eines gilt es zu bedenken: Je nach der Entscheidung für eine bestimmte Grundeinstellung sind auch die Entscheidungen für angemessene Wege zum Ziel bzw. für Mittel zur Zielerreichung vorgegeben.

Es wäre aus unserer Sicht wünschenswert, in der Sozialarbeit – gerade in einer pluralistischen Gesellschaft – die Unterschiedlichkeiten so herauszuarbeiten, daß sie klar erkennbar und damit wählbar werden. Allerdings kann eine solche Entwicklung nur dann zu mehr Menschlichkeit führen, wenn die Vertreter einer jeweiligen Einstellung denen einer anderen in bedingungslosem Respekt begegnen und sich mit ihnen um der Menschen Wohl auseinandersetzen.

5.1 Der Zielfindungsprozeß

Soziale Arbeit bedeutet Handeln mit anderen, Verstärkung des Handelns einzelner, Entwicklung latent vorhandener Fähigkeiten, sich mit eigenen Problemen erfolgreich auseinanderzusetzen, gemeinsame Anstrengung von Betroffenen und Helfern zur Überwindung von Ursachen sozialer Hilfsbedürftigkeit, progressives Eingreifen in Handlungsabläufe. Deshalb ist es für die Organisation der sozialen Arbeit wesentlich, daß die Organisationsziele gemeinsam, unter Mitbeteiligung aller Mitarbeiter, entwickelt werden, daß bei der Formulierung der Organisationsziele der größtmögliche gemeinsame Nenner gefunden wird. Aus dieser Vorstellung ergeben sich die notwendigen Strategien und Arbeitsschritte. Gelingt es, so zielorientiert vorzugehen, hat das in der Regel hohe Arbeitsplatzzufriedenheit, geringe Reibungsverluste bei der Arbeitsleistung und vor allen Dingen klientorientierte Arbeitsmöglichkeiten zur Folge. Wie erreicht man aber solche Ziele?

Zielfragen sind:

- Was will *ich* anstreben?
- Was will *ich* durch meine Arbeit erreichen?
- Was wollen *wir* durch die Zusammenarbeit in unserer Organisation bewirken?

Diese Fragen machen bereits deutlich, daß es für jeden einzelnen wie für jede Organisation, in der ja immer mehrere Individuen zusammenarbeiten, wichtig ist, zunächst bestimmte Grundentscheidungen zu treffen, die eine lange Wirkungszeit haben, die zeigen: *Wohin geht der Weg?*[8]

Die Formulierungen, die aus solchen Fragen entstehen, die Halt und Beständigkeit geben, werden **Grundsatzziele** (GZ) genannt.

Jede Zeit hat ihre speziellen gesellschaftlichen Bedingungen. Wer also zielgerichtet arbeiten will, muß deshalb aus den Grundsatzzielen **Rahmenziele** (RZ) ableiten, die innerhalb eines bestimmten Zeit*raumes* (1–3 Jahre) der Verwirklichung der Grundsatzziele dienlich sind.

[8] Vgl. G. S. Odiorne, a. a. O., S. 31 ff.

Versuchen wir, das bisher Gesagte in einem einfachen Schema darzustellen:

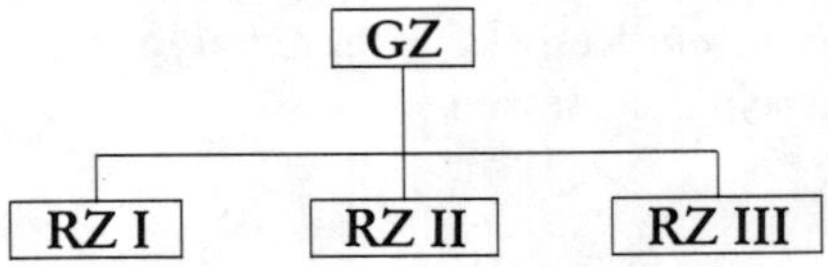

Die Rahmenzielebene hat das Grundsatzziel nicht nur *zeitlich* näher zu definieren, sondern auch *inhaltlich.*

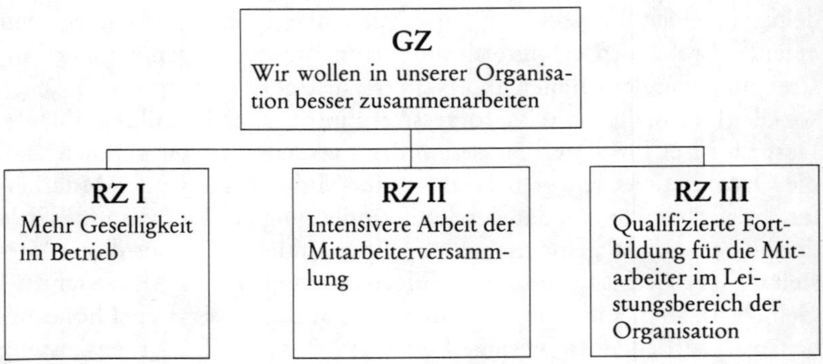

Man wird einsehen, daß das definierte Grundsatzziel neben anderen eine immerwährende Zielsetzung in einer Organisation sein kann. Die zugeordneten drei Rahmenziele in unserem Beispiel können durchaus in einem Zeitraum von 1–3 Jahren verwirklicht werden. Außerdem aber definieren sie zugleich schon etwas genauer, was die Mitarbeiter dieser Organisation eigentlich meinen, wenn sie davon sprechen: Wir haben das Ziel, „in unserer Organisation besser zusammenzuarbeiten".

Aber noch ist unser „Zielgebäude" unbefriedigend. Das Grundsatzziel ist klar und wird durch die Rahmenziele näher erläutert. Aber die Mitarbeiter der Organisation möchten mit Recht wissen: Was eigentlich muß denn nun geschehen, damit die Rahmenziele auch wirklich angestrebt werden können? Deshalb ist noch eine dritte, die letzte Zielebene einzuführen, in der wir die **Ergebnisziele** (EZ) nennen.

Die Mitarbeiter der Organisation müssen zu jedem Rahmenziel mehrere Ergebnisziele finden. Die Ergebnisziele sind so konkret zu definieren, daß sie zu einem bestimmten *Zeitpunkt* (innerhalb *eines* Jahres) erreichbar sind.

Wir nehmen als Beispiel unser Rahmenziel I: „Mehr Geselligkeit im Betrieb".

RZ I
Mehr Geselligkeit im Betrieb

- **EZ 1** – Die Einrichtung eines Sozialraumes im Betrieb
- **EZ 2** – Die Gründung von vier Freizeitgruppen
- **EZ 3** – Durchführung eines geselligen Abends für alle Mitarbeiter
- **EZ 4** – Die Durchführung eines Familiennachmittags für Mitarbeiter einmal monatlich im Betrieb

EZ 1: damit die Mitarbeiter/innen unbeaufsichtigt, zwanglos kommunizieren können.
EZ 2: damit die Mitarbeiter/innen gezielt auch außerberufliche Stärken gemeinsam kennenlernen und entwickeln können.
EZ 3: um so Begegnungen quer durch die Hierarchiestufen und Abteilungen zu ermöglichen.
EZ 4: damit die Mitarbeiter/innen den beruflichen Alltag des Familienangehörigen besser kennenlernen.
RZ I: um den Mitarbeitern/innen mehr organisationsinterne Beheimatung zu ermöglichen.

Alle Ergebnisziele lassen sich innerhalb eines Jahres erreichen – wobei unerheblich ist, ob sie auch danach immer wieder erreicht werden sollen oder nicht. Außerdem erklären diese vier Ergebnisziele den Mitarbeitern (wie auch Außenstehenden) genau, was eigentlich das Rahmenziel I gegenwärtig für unseren Betrieb bedeutet. Jedes Ergebnisziel beantwortet, wie im übrigen natürlich auch jedes Rahmen- und Grundsatzziel, die Frage: „Was wollen wir erreichen?" Es müssen später noch die Schritte erörtert werden, wie denn nun diese Ergebnisziele zu verwirklichen sind, d.h., wie sie in Methoden und Handlungsabläufe umzusetzen sind.

Damit ist die Zieldifferenzierung abgeschlossen und auch über die Zielzuordnung etwas ausgesagt. Unter *Zieldifferenzierung* verstehen wir die Gliederung der Organisationsziele in Grundsatz-, Rahmen- und Ergebnisziele. Unter der *Zielzuordnung* verstehen wir, daß einem Grundsatzziel die passenden Rahmenziele und einem Rahmenziel die entsprechenden Ergebnisziele zugeordnet werden. Dieser Vorgang zwingt dazu, Ziele exakt und unzweideutig so zu formulieren, daß sie sich logisch in eine der Zielebenen einfügen.

5.2 Die Zielbewertung

Bisher haben wir – wie aus unserem Beispiel ersichtlich wird – Ziele gesammelt, sie differenziert und einander zugeordnet; nun kommt der Schritt der *Zielbewertung*. Am exaktesten läßt sich die Zielbewertung auf der Ergebniszielebene durchführen.

Wie gehen wir vor? Wenn man gemeinsam – oder auch allein – bewerten will, muß man sich sehr konkret zunächst über die Bewertungsmaßstäbe (Kriterien) klar werden. Als *subjektive Kriterien* beispielsweise bezeichnet man die innere Einstellung, die Empfindung, die Spontaneität und Kreativität der einzelnen am Bewertungsprozeß Beteiligten. Wenn man die subjektive Bewertung durchführt, braucht in der Gruppe nur abgestimmt zu werden – wobei die Mehrheit entscheidet. Diskussionen bei dieser speziellen Bewertung sind überflüssig – eben weil sich über Subjektivität nicht sinnvoll streiten läßt.

Ein anderes Bewertungskriterium kann sein das *Kriterium der Wahrscheinlichkeit des Eintritts.* Aber diese Formulierung macht bereits deutlich, daß das Kriterium noch viel zu „grobschlächtig" definiert ist. Die Bewerter müssen sich nämlich fragen: Welche Art der Wahrscheinlichkeit meinen wir denn eigentlich:

- den Eintritt der zeitlichen Wahrscheinlichkeit,
- den Eintritt der finanziellen Wahrscheinlichkeit oder möglicherweise
- den Eintritt der personellen Wahrscheinlichkeit?

Sollte die Gruppe nach allen drei Wahrscheinlichkeitskriterien bewerten wollen, muß sie auch drei unterschiedliche Bewertungsvorgänge durchführen. Gerade bei der Zielentwicklung bzw. einer Konzeptionserstellung kommt es in Organisationen immer wieder zu völlig fruchtlosen Auseinandersetzungen und zum Teil zu absurden Entscheidungen, weil sich die Entscheidenden untereinander gar nicht „verraten", nach welchen Kriterien sie überhaupt vorgehen, und weil sie deshalb auch nur scheinbar über das Gleiche, in Wahrheit aber über völlig unterschiedliche Dinge sprechen und gegebenenfalls entscheiden. Deshalb noch einmal: *Je genauer und konkreter die Bewertungskriterien, umso leichter und transparenter werden die Entscheidungen.*

Weitere Bewertungskriterien können sein:

- Das *Kriterium des Nutzens,* wobei der Nutzen das jeweils übergreifende Ziel ist.
- Das *Kriterium der Funktionalität:* Welche miteinander zu bewertenden Ergebnisziele sind unabhängig voneinander zu erreichen, welche stehen in einem bestimmten Abhängigkeitsverhältnis zueinander?

Es ist Angelegenheit der Bewertergruppe, darüber zu befinden, welche und wie viele Bewertungskriterien sie an die betreffenden Ziele anlegen will. Freilich wird sich diese Entscheidung auch danach richten, wie komplex bzw. differenziert die zu bearbeitende Zielsammlung ist. Aus der Summe der gewählten Kriterien und der anhand dieser Kriterien erzielten Bewertungen ergibt sich das sogenannte **optimale Mittel,** das die Rangfolge der bewerteten Ziele deutlich werden läßt – zugleich aber auch transparent macht, daß diese Rangfolge eben nur für die ausgewählten Kriterien gilt.

Unter bestimmten Kriterien sind also die einzelnen Ziele untereinander bewertet worden. Auf diese Weise haben wir eine bestimmte Zielhierarchie erhalten.

Werden andere Bewertungsmaßstäbe angelegt, kann sich bei gleichen Zielen eine ganz andere Rangfolge ergeben.

Im nächsten Schritt geht es nun darum, die *Realisierbarkeit* der Ziele zu überprüfen. Die Realisierbarkeit wird dadurch ermittelt, daß die Frage geklärt wird nach den Voraussetzungen, den *Bedingungen,* die gegeben sein müssen, um das Ziel zu erreichen.

Bedingungen bestehen im Regelfall aus personellen, zeitlichen, finanziellen, sachlichen und rechtlichen Gegebenheiten. Je nach Zieldefinition können auch noch andere Gegebenheiten in Frage kommen.

Es ist nützlich, zunächst zu jedem einzelnen Ziel die Frage zu beantworten: Welche Bedingungen fördern, welche hemmen das Ziel?

Ziel A	fördernde Bedingungen	hemmende Bedingungen

In einem nächsten Schritt sind die fördernden und hemmenden Bedingungen zu ordnen, und zwar nach den schon genannten Gesichtspunkten (auch Dimensionen genannt): Personal, Sachen, Finanzen, Zeit, Rechtsgrundlagen u. a. m.

Die nun geordneten Bedingungen sind zu überprüfen auf die Fragen:
- Sind die Bedingungen gegeben?
- Sind die Bedingungen nicht gegeben, aber machbar?
- Sind die Bedingungen nicht gegeben und auch nicht machbar?

Sind die Bedingungen gegeben, ist das Ziel ohne weiteres zu erreichen. Sind die Bedingungen zwar nicht gegeben, aber machbar, ist zu klären: Wer muß was, bis wann, gegebenenfalls mit wem tun, damit die Bedingung realisiert wird?

Hat die Gruppe festgestellt, daß *eine* Bedingung, die zur Zielerreichung notwendig ist, *nicht* gegeben und auch nicht realisierbar ist, dann muß man dieses Ziel „fallenlassen" oder aber so reduzieren, daß es unter die gegebenen bzw. nicht gegebenen, aber realisierbaren Bedingungen fällt.

In Organisationen ist kaum etwas gefährlicher, als mit unrealistischen – noch so gut gemeinten – Zielen zu arbeiten. So etwas schafft auf die Dauer allseitige Enttäuschungen und zunehmende Arbeitsunzufriedenheit. Darum ist dieser Schritt der Zielbewertung besonders wichtig.

5.3 Beispiel für inhaltliche und methodische Schritte der Zielfindung

An einem praktischen *Beispiel* sollen im folgenden die einzelnen inhaltlichen und methodischen Schritte der Zielfindung verdeutlicht werden.

In einer großstädtischen Kirchengemeinde soll *„stadtteilorientierte Sozialarbeit"* eingeführt werden. Zwei Pfarrer, einige Diakone und Sozialarbeiter(innen), Kirchenvorstandsmitglieder sowie interessierte Laien treffen sich zu einem Zielfindungsprozeß. Jeder der Anwesenden kann seine Zielvorstellungen, unabhängig von den anderen, zu Papier (auf Karteikarten) bringen. Für diese Zielfindungsproduktion sind 20 Minuten angesetzt. Danach werden alle „produzierten" Ziele auf einen Haufen gelegt. Ein Gruppenmitglied liest sie vor, damit alle einen ersten Überblick über die Fülle und Differenziertheit, über die Abweichung und über die Übereinstimmung der Ziele bekommen. Zielkarten, die inhaltlich unklar sind, läßt man sich von dem „Produzenten" näher erläutern und korrigiert sie mit seinem Einverständnis entsprechend. In einem nächsten Arbeitsgang werden die Zielkarten nach drei Ebenen sortiert:

- Grundsatzziele,
- Rahmenziele,
- Ergebnisziele

Da der Grundsatz gilt, möglichst wenig Grundsatzziele (2–4) zu formulieren, kann es sein, daß es schon bei diesem Arbeitsgang darum geht, die Grundsatzziele zu reduzieren. Dies kann am einfachsten durch die Punktwahl-Methode geschehen. Die Gruppe einigt sich: Jeder erhält 6 Punkte, von denen er bis zu 3 Punkten bündeln darf. Jeder vergibt die Punkte an die für ihn wichtigsten Grundsatzziele. Die Gruppe beschließt, die drei mit der höchsten Punktzahl als Grundsatzziele auszuwählen. In unserem Falle sind dies:

GZ I	GZ II	GZ III
Lösung von psychosozialen Konflikten im sozialen Kontext des Stadtteils	Aktivierung der Laienarbeit im Stadtteil	Teilhabe der Kerngemeinde an den Konfliktsituationen im Stadtteil

Die übriggebliebenen Grundsatzziele werden nun nicht etwa beiseite gelegt, sondern in den folgenden Arbeitsgängen durch konkretere Formulierungen wieder mit verwendet.

Im nächsten Schritt sind den Grundsatzzielen die ihnen sachlich nahestehenden Rahmenziele zuzuordnen. Dabei kann es durchaus vorkommen, daß die Gruppe entdeckt, daß bestimmte Rahmenziele fehlen; denn es wurde ja unabhängig voneinander und spontan produziert.

Im folgenden wird beispielhaft mit dem Grundsatzziel I gearbeitet:

GZ I	Lösung von psychosozialen Konflikten im sozialen Kontext des Stadtteils

Aus den produzierten Zielkarten und durch Zielergänzung ordnet die Gruppe diesem Grundsatzziel folgende *Rahmenziele* zu:

RZ I	Arbeit mit Eltern-/Randgruppen, insbesondere in sozial schwachen Bevölkerungsgruppen des Stadtteils
RZ II	Arbeit einer Beratungsstelle für psychosoziale Konflikte im Stadtteil
RZ III	Arbeit mit den Rocker- und Punkergruppen im Stadtteil
RZ IV	Weckung der Sensibilität für psychosoziale Konfliktsituationen im Stadtteil

Zur weiteren Differenzierung sei das Rahmenziel I verwendet:

RZ I	Arbeit mit Eltern-/Randgruppen, insbesondere in sozial schwachen Bevölkerungsgruppen des Stadtteils

Die Gruppe sucht aus der Zielproduktion entsprechende Ergebnisziele, bzw. sie ergänzt die Ergebnisziele, soweit ihr das nötig erscheint. Sie ermittelt die nachstehenden *Ergebnisziele:*

EZ I a)	Befähigung von Laienkräften zur Arbeit mit Eltern-/Randgruppen
EZ I b)	Ermittlung von Lernzielen für die Arbeit mit Eltern-/Randgruppen
EZ I c)	Bestandsaufnahme der sozial schwachen Bevölkerungsgruppen im Stadtteil
EZ I d)	Ermittlung und Realisierung des Raum- und Sachbedarfs für diese Arbeit
EZ I e)	Regelmäßiger Kneipenbesuch von professionellen und freiwilligen Mitarbeitern, um unkonventionelle Begegnungsmöglichkeiten zu schaffen

Am Beispiel eines Rahmenzieles ist die Zielfindungsgruppe nun durch Zielzuordnung und Zielergänzung bis zur untersten Ebene, der Ergebniszielebene, vorgestoßen. In gleicher Weise ließe sich mit den anderen Rahmenzielen verfahren. Im Verlaufe der Arbeit kristallisiert sich danach eine *Zielpyramide* heraus:

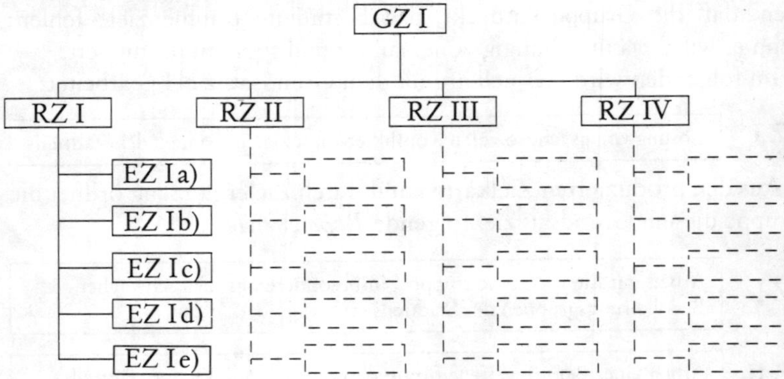

Sind alle Ziele gefunden und festgehalten, beginnt die *Bewertungsphase.*[9] Die Ziele einer Ebene (z.B. Ergebnisziele) werden nun nach bestimmten, von der Gruppe auszuwählenden Kriterien untereinander bewertet. Diese Bewertung ist allein schon deshalb notwendig, um herauszubekommen, worum es der Gruppe vorrangig geht bzw. was man eventuell noch zurückstellen kann.

Um auch diese Bewertungsprozesse möglichst transparent zu machen, werden sie jeweils auf einer Matrix (Vergleichstabelle) vorgenommen. In unserem Falle entschließt sich die Gruppe, nach folgenden drei Kriterien zu bewerten:

- nach Subjektivität,
- nach zeitlicher Wahrscheinlichkeit,
- nach personeller Wahrscheinlichkeit.

Auf der Horizontalen werden jeweils zwei Ziele miteinander verglichen. Das Ziel, das nach dem bestimmten Kriterium wichtiger ist, erhält ein +, das Ziel, das weniger wichtig ist, erhält ein −. Herrscht bei der Gruppenabstimmung Stimmengleichheit oder hält die Gruppe beide Ziele für gleichgewichtig oder vermag sie sich sonst nicht zu entscheiden, so erhalten beide Ziele das Zeichen 0.

Der Ergebniswert ergibt sich aus der Summe von +/0/− für jedes Ziel.

[9] Vgl. W. Grunwald/H.-G. Lilge: Partizipative Führung. UTB Bern/Stuttgart 1980, S. 85 ff;
J. Froitzheim/u. a.: Wie entscheide ich mich? Opladen 1975, S. 11 ff.

Subjektivität	EZ Ia)	EZ Ib)	EZ Ic)	EZ Id)	EZ Ie)	Ergebniswert EW +	Ergebniswert EW 0	Ergebniswert EW –	Rangfolge RF
EZ Ia)		–	–	+	–	1	–	3	*4*
EZ Ib)	+		+	0	+	3	1	–	*1*
EZ Ic)	+	–		+	–	2	–	2	*3*
EZ Id)	–	0	–		0	–	2	2	*5*
EZ Ie)	+	–	+	0		2	1	1	*2*

Die Rangfolge bemißt sich aus der Menge der +/0/– Bewertungen für das Ziel. 0 liegt zwischen der Bewertung + und –.

Die Gruppe bewertet nun, wie zu Beginn beschlossen, die fünf Ergebnisziele nach dem Kriterium des Eintritts der zeitlichen Wahrscheinlichkeit auf einer zweiten Matrix.

Es kommt dabei zu dem nachstehenden Ergebnis:

Zeitliche Wahrscheinlichkeit	EZ Ia)	EZ Ib)	EZ Ic)	EZ Id)	EZ Ie)	Ergebniswert EW +	Ergebniswert EW 0	Ergebniswert EW –	Rangfolge RF
EZ Ia)		–	–	–	0	–	1	3	*5*
EZ Ib)	+		–	+	–	2	–	2	*3*
EZ Ic)	+	+		+	0	3	1	–	*1*
EZ Id)	+	–	–		–	1		3	*4*
EZ Ie)	0	+	0	+		2	2		*2*

Nun muß die Gruppe noch die dritte Bewertung nach dem Kriterium des Eintritts der personellen Wahrscheinlichkeit durchführen.

Sie entscheidet, wie auf der folgenden Seite oben dargestellt.

Dieses analytische Vorgehen im Entscheidungsprozeß macht es – nach entsprechendem Training – denen, die zu entscheiden haben, leichter, kriterienbezogen zu Entscheidungen zu gelangen. Darüber hinaus werden die Entscheidungen – einschließlich ihrer Bewertungsmaßstäbe (Kriterien) – transparent, damit auch für Außenstehende vollziehbar, und das heißt immer auch: korrigierbar gemacht, wenn sich bei den einzelnen Entscheidungsgängen Fehler eingeschlichen haben sollten.

Personelle Wahrschein-lichkeit	EZ Ia)	EZ Ib)	EZ Ic)	EZ Id)	EZ Ie)	Ergebniswert EW			Rang-folge RF
EZ Ia)		0	–	+	–	1	1	2	*2a)*
EZ Ib)	0		+	–	–	1	1	2	*2b)*
EZ Ic)	+	–		+	+	3	–	1	*1a)*
EZ Id)	–	+	–		–	1	–	3	*3*
EZ Ie)	+	+	–	+		3	–	1	*1b)*

Zu Beginn des Entscheidungsprozesses hatte sich die Gruppe entschieden, daß in ihrem Falle die drei vorgenannten Kriterien die optimalen Bewertungsmaßstäbe seien, um zu einer angemessenen Entscheidung zu kommen. Deshalb werden nun die einzelnen Ergebniswerte (EW) numeriert, weil man so die tatsächliche Rangfolge der Ziele ermitteln kann *(optimales Mittel):*

	EW subjektiv			EW zeitlich			EW personell			GEW *			RF
	+	0	–	+	0	–	+	0	–	+	0	–	
EZ Ia)	1	–	3	–	1	3	1	1	2	2	2	8	*4a*
EZ Ib)	3	1	–	2	–	2	1	1	2	6	2	4	*3*
EZ Ic)	2	–	2	3	1	–	3	–	1	8	1	2	*1*
EZ Id)	–	2	2	1	–	3	1	–	3	2	2	8	*4b*
EZ Ie)	2	1	1	2	2	–	3	–	1	7	3	2	*2*

* GEW = Gesamtergebniswert = Summe der Einzelergebniswerte

Hiermit ist die Phase, in der die einzelnen Ziele untereinander nach bestimmten, aufgrund von Gruppenvereinbarungen zustande gekommenen Kriterien bewertet wurden, beendet. Es sei denn, man käme in der Gruppe überein, ein oder mehrere Kriterien höher zu gewichten als andere. Sollte dies geschehen, müßten die dazugehörigen Ergebniswerte mit 2 oder 3 multipliziert werden. Es liegt auf der Hand, daß sich in diesem Fall der Gesamtergebniswert und damit auch die Gesamtrangfolge verändern können.

Nun muß gemeinsam ermittelt werden, ob die einzelnen Ziele realisierbar sind oder nicht. Dazu kann es hilfreich sein, zunächst zu fragen: Welche Bedingungen (Gegebenheiten) fördern und welche hemmen die Zielerreichung? Dies erfaßt die Gruppe in der folgenden Tabelle:

	fördernd	hemmend
EZ I a)	Vorhandene Laienkräfte, gute Fortbilder, Lehrplan, angenehme Räumlichkeiten, sachgemäßes Unterrichtsmaterial	Angst der Laien vor Lernen, Überbeanspruchung, unklare Lernziele, Lernen ohne Ausbildungsmittel
EZ I b)	usf.	usf.
EZ I c)	usf.	usf.
EZ I d)	usf.	usf.
EZ I e)	usf.	usf.

Das Nachdenken über das Benennen der fördernden und hemmenden Bedingungen bringt die Fakten zusammen, die bei der Realisierbarkeit der Ziele beachtet werden müssen. Bei der Realisierbarkeit ist zu fragen: Sind die Bedingungen zur Erreichung der Ziele
- gegeben?
- nicht gegeben, aber machbar?
- nicht gegeben und auch nicht machbar (Randbedingungen)?

Die Gruppe erfaßt die Ergebnisse dieser Realisierbarkeitsfragen in dem folgenden Raster:

Bedingungen / betr. EZ	gegeben	nicht gegeben, aber machbar	Randbedingungen
EZ I a)			
Fortbilder		×	
Laienkräfte			×
Lehrplan			×
Unterrichtsmaterial			×
Räume		×	

EZ I b) usf.			
EZ I c) usf.			
EZ I d) usf.			
EZ I e) usf.			

Es kann sich ergeben, daß – im Unterschied zu unserem Beispiel – ein Bereich (wie Personal, Finanzen usw.) nicht realisierbar ist. Dann gibt es die Möglichkeit, dieses Ziel durch Neuformulierung so zu reduzieren, daß es realisierbar wird, oder es ganz fallenzulassen.

Es kann auch sein, daß alle Einzelziele – allein betrachtet – zu verwirklichen sind. Zieht man aber die verschiedenen Dimensionen (Bereiche) zusammen, stellt man z.B. folgendes fest: Für die Verwirklichung aller einzelnen Ziele reicht das Geld nicht. Auch in diesem Falle gibt es wieder Entscheidungsmöglichkeiten:

- Entweder erfolgt hier und da eine „Zielverkleinerung", oder aber
- das „optimale Mittel" liefert die Entscheidungshilfe: Das oder die Ziele, die am Ende der ermittelten Zielhierarchie stehen, werden abgehängt.

Ist dies geschehen, ist der Zielfindungs- und -bewertungsprozeß abgeschlossen.

Wer tut was bis zu welchem Zeitpunkt, um die Zielerreichung zu gewährleisten? Das ist ein notwendiger weiterer Schritt, der in dem Kapitel 8 „Planen" behandelt werden wird.

Wichtig ist also:

- Je zielorientierter in den Organisationen der Sozialhilfe gearbeitet wird, um so motivierter werden die Mitarbeiter sein.
- Mitarbeitermotivation wird entstehen und steigen, wenn die Mitarbeiter die Chance erhalten, sich am Zielfindungsprozeß zu beteiligen.
- Nicht jede Zielfindung wird man methodisch sauber erarbeiten können. Wesentlich ist aber in jedem Fall, daß man die einzelnen Schritte der Zielfindung bis hin zur Realisierbarkeit kennt und anwenden lernt, auch wenn dies in der Praxis oftmals nur sehr grob geschehen kann. Methodisches Vorgehen spart Zeit und kann unnötige neue Probleme verhindern.

Schritte des Zielfindungs- und Entscheidungsprozesses

Zielsammlung anlegen

↓

Zieldifferenzierung durchführen

↓

Zielzuordnung und -ergänzung vornehmen

↓

Ziele nach genauen vereinbarten
Kriterien bewerten (Matrixbewertung)

↓

Fördernde und hemmende Bedingungen
für jedes Ziel auflisten

↓

Die Realisierbarkeit jedes Zieles prüfen

↓

Eventuell: Zielkorrektur
(Zielanpassung) vornehmen

Rückfragen

Wie lauten Zielfragen?

Welche unterschiedlichen Zielebenen gibt es, und was sind die entsprechenden Kriterien?

Was ist unter der Zielzuordnung zu verstehen?

Welche Kriterien gibt es bei der Zielbewertung?

Was ist unter der Realisierbarkeit von Zielen zu verstehen?

Wie kommt man zur Zielkorrektur, und welche Bedeutung hat sie für das zielorientierte Handeln der Mitarbeiter in einer Sozialhilfeorganisation?

6 Problemlösung

Eine Gruppe will ein Problem lösen. Das kann auf unterschiedliche Weise geschehen:

- „Man" benennt das Problem, aber jeder versteht etwas anderes darunter; man redet auf verschiedenen Ebenen, kann deshalb auch nicht zu gemeinsamen Lösungen kommen, man redet sich vielmehr noch weiter auseinander.
- Man kennt das Problem (erst zur Hälfte), und schon weiß man „die" Lösung!
- Man „löst" ein Problem, indem man zehn neue schafft.
- Man spricht über Scheinprobleme, verdeckt dadurch die wirklich anstehenden Probleme und kommt deshalb bestenfalls zu Scheinlösungen (eine „beliebte" Manier bei der Durchführung von Problemkonferenzen in den verschiedensten Organisationen).
- Nicht selten erfolgen Problemlösungen durch eine Kombination verschiedener dieser eben angegebenen und weiterer Wege. Übrigens werden solche Problemlösungen häufig genug nicht nur im beruflichen, sondern auch im persönlichen Alltag angewandt. Es ist deshalb auch kaum ein Wunder, daß man ganz schnell durch scheinbare Problemlösungen in ein Problemkarussell geraten kann.

Im folgenden sollen Wege aufgezeigt werden, wie man zu systematischen Problemerfassungen und damit auch zu Problemlösungen kommen kann.

- Zunächst ist jedes Problem als die *Diskrepanz* zu definieren, die zwischen einer SOLL-Vorstellung und einer IST-Gegebenheit besteht. In Zahlen ausgedrückt, kann beispielsweise die erste *grobe Problemdefinition* so aussehen:

SOLL	IST	Diskrepanz
100	70	−30

  Unser fiktives Problem besteht also in der Diskrepanz von −30, und es schließen sich die Fragen an: Wo liegen die Ursachen, was für Lösungsmöglichkeiten gibt es, diese festgestellte Diskrepanz zu mindern bzw. sogar aufzuheben?
- Es gibt drei *Arten* von Problemen, mit denen wir uns im Sozialmanagement zu befassen haben:

– Abweichungsprobleme,
– Planungsprobleme,
– Eventualitätsprobleme.[10]

6.1 Das Abweichungsproblem

Das *Abweichungsproblem* definiert sich dadurch, daß das SOLL schon einmal erreicht gewesen ist. Der IST-Zustand ist im Vergleich zum SOLL nunmehr unbefriedigend, und dadurch entstand das Problem.

Beispiel: 1978 war die Krankenhausstation X zu 100% belegt, 1983 ist sie das nur noch zu 75%.

SOLL	IST	Diskrepanz
100	75	–25
1991	1994	

Probleme lassen sich selbstverständlich nicht nur in Zahlen ausdrükken, sondern sie sind durch inhaltliche Beschreibungen zu erfassen.

Beispiel: Das Arbeitsklima zwischen den Mitarbeitern einer psychosozialen Beratungsstelle war für alle einmal zufriedenstellend, heute ist es recht unbefriedigend.

Die grobe Problemdefinition könnte so beschrieben werden:

SOLL	IST	Diskrepanz
Zufriedenstellende Arbeitsatmosphäre unter den Mitarbeitern	Die Mitarbeiter leiden zunehmend unter der sich verschlechternden Arbeitsatmosphäre	Die Arbeitsatmosphäre in der Dienststelle verändert sich zum Negativen
1991	1994	

6.2 Das Planungsproblem

Planen heißt also, Probleme zu haben und sie lösen zu müssen. Das Vorgehen bei der Problemplanung gebietet als erstes: Es muß erst ein SOLL

[10] Vgl. E. Rühli: Unternehmensführung und Unternehmenspolitik. UTB Bern/Stuttgart 1973, S. 76 ff.

(Ziele) bestimmt werden (s. Kapitel 5 und 8). Nur wenn dies im einzelnen geschehen ist, kann die Gegenüberstellung zum gegebenen IST und damit die Ermittlung der Diskrepanz(en) erfolgen.

SOLL	IST	Diskrepanz
?	100	?

6.3 Das Eventualitätsproblem

Das *Eventualitätsproblem* einzubeziehen ist eine bisweilen dringend notwendige Variante im Planungsbereich. Gerade bei Planungsproblemen deren Lösung einen längeren Zeitraum beansprucht, können Eventualitätsproblemlösungen zweckmäßig sein.

Beispiel: Es soll ein Altenpflegeheim innerhalb der nächsten vier Jahre für eine Summe von 12 Millionen DM gebaut und in Betrieb genommen werden. Dies ist ein Planungsproblem (s. Kapitel 8). Bei den raschen gesellschaftlichen Entwicklungen ist davon auszugehen, daß sich innerhalb der vier Jahre ursprüngliche Annahmen verändern:

- Es könnte sich zum Zeitpunkt X herausstellen, daß anstelle von 12 Millionen DM nur 9,5 Millionen DM zur Verfügung stehen und außerdem die Kosten nicht, wie ursprünglich angenommen, um jährlich 6,2%, sondern um 8,5% steigen.
- Oder es könnte sich zum Zeitpunkt Y herausstellen, daß anstelle von 12 Millionen DM sogar 14,2 Millionen DM zur Verfügung stehen, daß die angenommene Anzahl an Fachpersonal jedoch nicht erreicht werden kann.

Was ist zu tun, um trotz dieser angenommenen Abweichungen die Inbetriebnahme des Altenpflegeheimes zum geplanten Zeitpunkt zu verwirklichen? Hier eine Lösung zu finden bedeutet, mögliche Probleme systematisch zu erfassen, in die Problemdefinition einzubeziehen (Diskrepanz) und bei der angestrebten Lösung stets in ihrem möglichen Auftauchen im Auge zu behalten.

6.4 Einführung in die systematische Analyse, Diagnose und Lösung von Abweichungsproblemen

Beispiel: Einer Gesamtschule stehen 25 Busse zum Transport der Schulkinder zur Verfügung.

Im Oktober 1992 fällt ein Teil der Busse aus. (Sie werden an eine andere Schule transferiert.)
Im Dezember 1992 ergeht die Weisung, daß alle Schulbusse in einer Großgarage mit Werkstatt stationiert werden müssen.
Im Februar 1993 stellt sich heraus, daß der Busdienst nicht gut genug funktioniert: es gibt Wartezeiten, Überbelegungen der Busse, Verspätungen, längere Fußwege für die Kinder, Überlastung der Fahrer usw.

Auf den ersten Blick scheint die Lösung klar: es müssen die 25 Busse wieder zur Verfügung stehen. Bei näherem Hinsehen stellt sich unser Abweichungsproblem dann doch etwas anders.

6.4.1 Grobe Problemformulierung

Die grobe Problemdefinition heißt in unserem Fall grobe Problemformulierung. Die ursprüngliche Transportleistung war 100% und wird nicht mehr erreicht. Im Zahlensymbol ausgedrückt heißt das Problem:

SOLL	IST	Diskrepanz
100	70	30
Oktober 1992	Februar 1993	

In Worten ausgedrückt lautet das Problem: Die Transportleistung ist unbefriedigend.

Jetzt gilt es, die *besonderen* Ereignisse zu erfassen, die zwischen diesen Daten liegen:

1. Im Oktober 1992 wird ein Teil der Busse abgezogen.
2. Im Dezember 1992 werden die verbliebenen Busse in einer Großgarage zentralisiert.
3. Im Februar 1993 stellt sich die mangelhafte Transportleistung heraus.

Das Problem wird in all die Bereiche (Dimensionen) zergliedert, durch die es berührt wird.

Zunächst werden die Dimensionen gemeinsam gesammelt und geordnet.[11] Danach werden, bezogen auf die Ausgangsdaten, für jede einzelne Dimension das SOLL, das IST und somit die Diskrepanz ermittelt. Damit erhielte man die *differenzierte Problemanalyse:*

[11] Würde man z. B. in einer Gruppe an dieser Problemformulierung arbeiten, erfolgte der Einfachheit halber das Sammeln und Ordnen der Dimensionen durch Zuruf und durch Niederschrift durch den Gruppenleiter.

Dimensionen	SOLL	IST	Diskrepanz
1 Bus	25	25 – x	– x
2 Garage	Einzelabstellung	Großgarage	Zentralisation
3 Personal	100	100 – x	– x
4 Kinder	100	100	0
5 Wege	100	150	+ 50
6 Zeit	100	150	+ 50
7 Wetter	normal	Schnee, Eis, ...	Fahrbehinderungen

6.4.2 Problemdiagnose

Nachdem so systematisch die Einzelabweichungen des Problemzusammenhanges ermittelt worden sind, wird im nächsten Arbeitsschritt eine *differenzierte Problemdiagnose* eingeleitet:

- Ermittlung der *Ursachen*, die zu den Diskrepanzen in den einzelnen Dimensionen geführt haben.
- Ermittlung von *Lösungsvorschlägen*, z. B. mit Hilfe von „Brainstorming-Methoden".

Das Ergebnis der differenzierten Problemdiagnose wäre z. B.:

Dimension	Ursachen	Lösungsvorschläge
1 Bus	Anordnung der Zentrale: wegen mangelnder Auslastung	Zurücknahme der Anordnung
2 Garage	Anordnung der Zentrale, um Sicherheit und Wetterschutz zu erhöhen	Zurücknahme der Anordnung, Einrichtung von Schlafkojen und Pausenzimmern in der Garage
3 Personal	–	Personalvermehrung
4 Kinder	–	–
5 Wege	Wegen Zentralisierung längere Fahrwege für Fahrer und Busse	Rationalisierung des Fahrertransportdienstes, Dezentralisierung in Privatgaragen
6 Zeit	Erhebliche zeitliche Mehrbelastungen (wie auch in Dimension 5)	Stundenplankorrekturen
7 Wetter	Zusätzliche Zeitverluste	Bessere Reifenausstattung, besserer Verkehrsinformation

6.4.3 Entscheidungsanalyse oder Bewertungsphase

Die gefundenen Lösungsmöglichkeiten sind nun nach genau definierten Kriterien zu bewerten und auf ihre Realisierbarkeit hin zu überprüfen. Wir wollen, um das eine Beispiel nicht „totzureiten", diese Phase der Bewertung und Analyse der Entscheidungsmöglichkeiten an einem neuen Beispiel aus der Praxis erläutern. Dazu ist es – auch auf die Gefahr der Wiederholung hin – unerläßlich, Problemdefinition und Problemanalyse kurz zu umreißen.

Beispiel: Eine Problemlösungsgruppe in einer Justizvollzugsanstalt soll Lösungen erarbeiten zu dem Problem, daß innerhalb von 1½ Jahren die Arbeitsplätze für die Gefangenen immer knapper geworden sind.

- *Grobe Problemdefinition:*
  „Verlust von Arbeitsplätzen in der Justizvollzugsanstalt"

SOLL	IST	Diskrepanz
100	100 – x	– x
Sommer 91	Winter 93	

- *Besondere Ereignisse:*
  a) zunehmende Rezession,
  b) Reduzierung von Arbeitsplätzen durch Rationalisierung,
  c) Bezahlung (Kostensteigerung für den Unternehmer).
- *Differenzierte Problemanalyse:*
  Nunmehr erfolgt die Ermittlung und Ordnung der Dimensionen und die Feststellung der Diskrepanzen in den einzelnen Dimensionen (differenzierte Problemanalyse). In der Praxis wird man häufig noch Experteninformationen einholen müssen, um zu verläßlichen Daten zu kommen.

Dimension	SOLL	IST	Diskrepanz
Belegung	100	130	+ 30
Personal	100	110	+ 10
Arbeitsqualität	gut	befriedigend	schlechter
Arbeitsverweigerung	100	130	+ 30
Bandarbeit	100	80	– 20
Marktlage	100	60	– 40
Konkurrenz	100	140	+ 40
Überforderung (Pensum)	100	115	+ 15
Gruppenarbeit	100	200	+100
Privatunternehmer	100	80	– 20

Dimension	SOLL	IST	Diskrepanz
Anstaltseigener Betrieb	100	90	− 10
Kosten	100	180	+ 80
Arbeitskräfte	100	130	+ 30
Umbauten	100	150	+ 50
Arbeitszeit	100	80	− 20
Krankenstand (Gefangene)	100	140	+ 40
Ausbildung	100	150	+ 50
Arbeitsmoral	100	70	− 30

Ein solches analytisches Vorgehen zeigt, daß scheinbar leicht abgrenzbare Probleme gerade in sozialen Systemen komplex sein können.

- *Mögliche Ursachen,* die zu den Diskrepanzen geführt haben, sind zu ermitteln.

Lösungsmöglichkeiten zur Verminderung der Diskrepanzen sind zu erarbeiten. Das nachstehende Arbeitsergebnis zeigt, daß ausreichend Lösungsmöglichkeiten gefunden wurden, es weist aber auch darauf hin, daß ein Teil der von der Gruppe fast „spielerisch" gefundenen Vorschläge wegen offensichtlicher Undurchführbarkeit schnell wieder fallen gelassen werden.

Ursachen	Vorgeschlagene Lösungsmöglichkeiten
Anstieg der Kriminalität	Kastration, Beratung in der Erziehung, Beratungsstelle, Einrichtung von STS*, Weniger Freiheitsstrafen
Zu wenig Planstellen	Mehr Planstellen, mehr Arbeit der Beamten
Schlechte Ausbildung	Mehr und bessere Ausbildung
Arbeitsmoral	———————
Behandlungsvollzug	Gruppenarbeit und Therapie nur in der Freizeit
Weniger Aufträge	Neue Absatzmärkte Wettbewerbsfähigkeit
Ausbeutung	Überprüfung des Leistungsgedankens
Behandlungsvollzug	Nur Freizeit

Ursachen	Vorgeschlagene Lösungsmöglichkeiten
Zu hohe Kosten	Subventionierung
Unrentabel	Bessere Maschinen
Rohstoffpreise – Löhne	Rationalisierung
Überbelegung	Neue Anstalten, weniger Freiheitsstrafen, Todesstrafe
Behandlungsvollzug	Mehr Werkräume Gruppenarbeit nur in der Freizeit
Neues Krankheitsbild (Sucht)	Bessere medizinische Behandlung, Therapie, besondere Anstalten
Veränderte Einstellung zur Arbeit (Freizeit usw.)	Verstärkte Erziehung zur Arbeit
Mehr Lehrbetriebe	Keine

* STS = Soziale Trainingsstationen

- *Entscheidungsanalyse – Bewertungsverfahren:*

Die Fülle der gefundenen, auf den ersten Blick brauchbaren Lösungsvorschläge gilt es zu reduzieren, um zu einem realistischen, differenzierten Bewertungsverfahren zu kommen.

Die Problemlösungsgruppe entschließt sich deshalb: Jedes Gruppenmitglied erhält sieben Bewertungspunkte, die es an die seiner Meinung nach wichtigsten Vorschläge vergeben kann. Bis zu drei Punkte können kumuliert werden. Es kommt dabei die folgende Auswahl von Lösungsvorschlägen (LV) zustande:

LV I Gruppenarbeit in der Freizeit
LV II Werkräume
LV III Beratung und Erziehung
LV IV Weniger Freiheitsstrafen
LV V Einrichtung von STS-Arbeitserziehung
LV VI Mehr Planstellen
LV VII Wirtschaftlichkeit der Betriebe.

Welche Bedingungen fördern und welche hemmen die Realisierbarkeit der einzelnen Lösungsvorschläge, von denen, wie unser Beispiel zeigt, noch sieben „im Rennen" liegen?

Die Gruppe kommt dabei zu folgendem Arbeitsergebnis:

Lösungsvorschläge	a) fördernde Bedingungen	b) hemmende Bedingungen
LV I	Freizeit-Beamte; bessere Koordination	Fehlendes Personal; fehlende Räume
LV II	Umbauten, Neubauten	Kein Geld
LV III	Verstärkte Beratung in Familie, Schule und Heim	Unwissenheit; Widerstand der Gesellschaft
LV IV	Aufklärung der Richter und Staatsanwälte	Starre Haltung der Richter und Staatsanwälte; Schuld-Sühne-Gedanke
LV V	Trainerstellen; entsprechende Räumlichkeiten	Kein Geld
LV VI	Aufklärung der Volksvertreter	Mangelnde Information
LV VII	Modernisierung; neue Absatzmärkte; qualifizierte Ausbildung; Rationalisierung	Kein Geld; fehlendes Management

- Aufgrund dieser beiden Bedingungskategorien sind die Voraussetzungen zur *Überprüfbarkeit der Realisierung* der sieben Lösungsvorschläge gegeben.

  Diese Prüfung zeigt folgendes Ergebnis:

Lösungsvorschläge	gegebene Bedingungen	nicht gegebene, aber realisierbare Bedingungen	nicht realisierbare Bedingungen
LV I	×	×	–
LV II	×	×	–
LV III	×	×	–
LV IV		×	–
LV V	×	×	–
LV VI	–	×	–
LV VII	–	×	–

Alle ausgewählten Lösungen sind zu verwirklichen. Für die Realisierung aller sieben Lösungen ist die Erstellung von Lösungsstufenplänen (siehe Kapitel 8 „Planung") notwendig.

Die Problemlösungsgruppe hat in diesem Falle darauf verzichtet, die Lösungsvorschläge in ihre einzelnen Dimensionen aufzugliedern. Dies freilich ist immer dann anzuraten, wenn es sich um komplexere Lösungen handelt; denn nur auf diese Weise wird auch dem „Außenstehenden" recht schnell deutlich, in welchen konkreten Bereichen die Bedingungen bereits gegeben sind und in welchen sie erst durch die Verwirklichung der „Lösungsstufenpläne" zu erreichen sind.

- Es erfolgt der Schritt der *Matrixbewertung* (siehe Kapitel 5, S. 43).

  Zunächst diskutiert und bestimmt die Gruppe die Bewertungsmaßstäbe (Kriterien), nach denen die sieben Lösungsvorschläge miteinander verglichen werden sollen. In unserem Falle sind dies:

  – *die Nutzenbewertung:*
  Nutzen = Zielsetzung des Strafvollzuges gemäß § 2 Absatz 1 StVollzG. Im Vollzug der Freiheitsstrafe soll der Gefangene fähig werden, künftig in sozialer Verantwortung ein Leben ohne Straftaten zu führen.

  – die *zeitliche Eintrittswahrscheinlichkeit:*
  Welcher von zwei miteinander zu vergleichenden Lösungsvorschlägen läßt sich schneller verwirklichen?

  – die *finanzielle Wahrscheinlichkeit:*
  Welcher von zwei miteinander zu vergleichenden Lösungsvorschlägen kostet weniger?

Es werden also drei Matrixbewertungen durchgeführt. Sind diese abgeschlossen, so werden die Ergebniswerte der drei Bewertungen summiert, man erhält – unter Berücksichtigung der gewählten Kriterien – die Rangfolge für eine optimale Lösungsstrategie zum vorgegebenen Problem.

In unserem Falle kommt es zu folgendem Ergebnis:

Rangfolge	Lösungsvorschlag
1	Quantitativ und qualitativ intensivere Beratung und Erziehung der Gefangenen
2	Mehr und bessere Werkräume mit zusätzlichen Arbeitsmöglichkeiten für Gefangene
3	Gezieltere Gruppenarbeit mit den Gefangenen in der Freizeit

Rangfolge	Lösungsvorschlag
4	Einrichtung von sozialen Trainingsstationen unter Einbeziehung des Bereiches der Arbeitserziehung
5	Verhängung von weniger Freiheitsstrafen
6	Bessere Wirtschaftlichkeit der Anstaltsbetriebe
7	Errichtung von mehr Planstellen in der Justizvollzugsanstalt

Bei der Wahl anderer Bewertungsmaßstäbe oder bei einer unterschiedlichen Gewichtung der einzelnen Kriterien wäre die Rangfolge optimaler Lösungsstrategien natürlich entsprechend anders ausgefallen.

6.5 Zusammenfassung

Zunächst haben wir die drei unterschiedlichen Problemarten definiert, um dann an Beispielen des Abweichungsproblems die einzelnen Schritte der Problemanalyse, -diagnose und -lösung zu beschreiben.

Nach unseren Erfahrungen wird eine Problemlösung umso eher optimal, je differenzierter die Problemlösungsgruppe (7–10 Personen) zusammengesetzt ist. Es ist schon wichtig, daß in Organisationen Problemlösungen in den einzelnen Schritten für alle Mitarbeiter zum Beispiel auf großen Papiertafeln „öffentlich“ gemacht werden. Auf diese Weise erfolgt

- *Transparenz:* Durchsichtigkeit des Inhaltes bei den einzelnen Problemlösungsschritten;
- *Nachvollziehbarkeit:* Auch „Unbeteiligte“ können nacherleben, wie die Arbeitsgruppe zu ihren Ergebnissen gekommen ist.
- *Korrigierbarkeit:* Die Gruppenarbeit kann noch ergänzt und berichtigt werden, wenn offensichtlich unrichtige Informationen oder Arbeitsschritte eingegeben wurden. Rechtzeitige Korrektur im Problemlösungsverfahren aber bedeutet: unnötige Fehler und damit Leerlauf in der Organisation und für den einzelnen vermeiden.

Selbst wenn dem Leser dieses Problemlösungsverfahren einleuchtet, wird er einwenden, daß es, um es im Organisationsalltag zu praktizieren, vielzu aufwendig sei. Das mag im Einzelfall zutreffen. Uns erschien es wichtig darzulegen, daß Probleme am besten dadurch gelöst werden, daß man gemeinsam in logischen Einzelschritten vorgeht. Nicht jedes

Problem in der Alltagspraxis einer Organisation wird man in derart exakten Schritten lösen. Auf jeden Fall sollten in mündlichen oder schriftlichen Problemlösungsverfahren

- Problemdefinition,
- Problemanalyse,
- Problemdiagnose,
- Problemlösungen und
- Bewertung der Problemlösungen

auseinandergehalten werden. Das spart Zeit und unnötige Auseinandersetzungen, und es schafft Raum für positive Entwicklungen in der Organisation.

Wie man im Alltag solche Problemlösungen noch vereinfachen kann, ohne sie dadurch zu verwässern, zeigt der nachstehende Fall.

Beispiel: Mangel an Entscheidungssituation

Ein Klient steht vor der Problemsituation: Was fange ich nach meiner Entlassung an? Er sieht eigentlich nur die Möglichkeit, in sein kleines Heimatdorf zu seiner Mutter zurückzukehren.

Aber was wird da aus der Nachbarschaft auf ihn zukommen?

Wird er Arbeit finden? . . .

Der nachstehend vorgegebene, einfache Entscheidungsraster zeigt, wie man getrennt voneinander oder auch zusammen mit dem Klienten oder einer Gruppe von Klienten erarbeiten kann und daß es eigentlich bei jeder anstehenden Problemlösung mehrere Lösungsvorschläge gibt.

Hat man erst einmal mehrere Lösungsmöglichkeiten gefunden, kann jeder der Beteiligten zu jeder der Möglichkeiten sein „pro" und „contra" angeben.

In einem nächsten Schritt wird gemeinsam die Realisierbarkeit jedes einzelnen Lösungsvorschlages überprüft: Welchen Kostenaufwand mag er monatlich erfordern?

Dann kann man eventuell jedem der Beteiligten (7) Bewertungspunkte „geben", die „gebündelt" oder einzeln verteilt werden können. Auf diese Weise kommt man zu einer Gesamtwertung (Entscheidung).

Der Lernprozeß für den Klienten:

1. Meist gibt es für jedes Problem *mehrere* Lösungen.
2. Jede der ermittelten Lösungen besteht aus „pro" und „contra".
3. Jede Lösung bringt Kosten mit sich.
4. Zu welcher Bewertung komme ich/kommen wir nach Erarbeitung und reiflicher Abwägung von Punkt 2 und 3?

Freiwillige Helfer können auf solche oder ähnliche Weise mit Häftlingen die verschiedensten Problemsituationen im Hinblick auf sinnvolles Entscheiden trainieren.

Wie auch immer im Einzelfall in der Problemlösung vorgegangen

Entscheidungsraster für Klient	Berater (freiwilliger Helfer)		Klient		Geschätzter monatlicher Finanzmittel-aufwand	Bewertung			Rangfolge insgesamt
Lösungsvorschläge	was spricht dafür	was spricht dagegen	was spricht dafür	was spricht dagegen		Berater	Klient	andere	
Zimmer bei Mutter									
Zimmer in S.									
Wohngemeinschaft in S.									
Zimmer in B.									
Zimmer mit Familienanschluß in B.									
Zimmer in Übergangsheim									
Zimmer irgendwo									

S. = Arbeitsort des freiwilligen Helfers B. = Wohnort des freiwilligen Helfers

wird, zwei Aussagen gelten in der Regel eben nicht, vor allem nicht für den sozialen Bereich:

> Das ist *die* Lösung!
> Für das Problem gibt es *keine* Lösung!

Stimmt nicht!

Meist ist richtig, daß es gerade im sozialen Bereich, wie in den Beispielen vielleicht deutlich wurde, verschiedene Lösungsmöglichkeiten gibt. Es ist wichtig, welche genau definierten Bewertungsmaßstäbe die Problemlösungsgruppe anlegt: entsprechend unterschiedlich kann die Wahl der Lösungsmöglichkeiten ausfallen.

Schritte der Problemlösung

Grobe Problemdefinition

↓

Erfassung der besonderen Ereignisse

↓

Differenzierte Problemanalyse

↓

Differenzierte Problemdiagnose

↓

Entwicklung von Lösungsmöglichkeiten

↓

Fördernde und hemmende Bedingungen der Lösungsmöglichkeiten

↓

Realisierbarkeit der Lösungsmöglichkeiten

↓

Matrixbewertung der Lösungsmöglichkeiten nach verschiedenen Kriterien

↓

Ermittlung des optimalen Mittels

↓

Durchführung der Lösungsstrategie

Rückfragen

Welche unterschiedlichen Problemarten gibt es?

Warum ist es wichtig, eine grobe Problemdefinition zu finden, und wie ist sie zu beschreiben?

Was versteht man unter den Dimensionen eines Problems?

Wodurch unterscheidet sich die Problemanalyse von der Problemdiagnose?

Welchen Sinn hat die Matrixbewertung von Lösungsvorschlägen?

Welchen Sinn hat die Ermittlung des „optimalen Mittels"?

7 Organisation

Jeder Mitarbeiter in der Sozialarbeit oder jede Mitarbeitergruppe bei einem Träger der Sozialarbeit sollte in Erfahrung bringen können:

- Was ist das für eine Organisation, in der ich meine Arbeit leiste?
- Welche Ziele werden verfolgt, und in welcher Art geschieht das? Was will man erreichen?
- Wie ist unsere Organisation auf diese Ziele hin strukturiert?
- Welchen Beitrag leiste ich, leistet die Gruppe, in der ich arbeite, leistet unsere Abteilung mit allen darin vorhandenen Arbeitsplätzen zur Erreichung dieser Ziele?
- Wie sieht mein Arbeitsplatz aus? Welche Ziele sollen durch ihn erreicht werden, welche Aufgaben erfordern hier welche Kompetenzen?
- Von wem bin ich in meiner Arbeit abhängig, wie wirkt sich die Struktur unserer Organisation auf meine Arbeitsbedingungen aus?
- Wer ist mir vorgesetzt, gleichgestellt, zugeordnet?
- Wie und wodurch wird von mir die Struktur der Organisation mitbestimmt, und wie und wodurch kann ich zu ihrer Weiterentwicklung beitragen?

Man muß auch darüber informiert sein:

- Wie laufen Planungs- und Entscheidungsprozesse, wie kommt es zu Entscheidungen, wer ist daran wie zu beteiligen? Wie ist der Arbeitsprozeß geordnet? Was ist eine Ablauforganisation und Aufbauorganisation?
- Wie ist das Informationswesen organisiert? Wer erhält oder braucht wann welche Informationen in welcher Form, zu welchem Zweck, in welcher Aufbereitung und wie oft?

Für viele ist die Organisation etwas Statisches, Bedrohliches, Undurchschaubares, das kaputtmacht und das kaputtzumachen ist. Der einzelne fühlt sich der Organisation gegenüber wie David, der sich gegenüber dem Goliath zur Wehr zu setzen hat. Eine Begriffsklärung vorzunehmen erscheint uns daher sehr angebracht.

7.1 Der Begriff der Organisation

Wir unterscheiden zwischen dem institutionalen Organisationsbegriff und dem instrumentalen Organisationsbegriff.

7.1.1 Institutionaler Organisationsbegriff

Organisation wird als *soziales Gebilde* verstanden, also als Oberbegriff für Institutionen wie Träger der Sozialarbeit, für eingetragene Vereine, Werke, Verbände, Heime, Anstalten, Beratungsstellen, Verwaltungen, Schulen, Gefängnisse, politische Verwaltungen, Kirchen u. a.

7.1.2 Instrumentaler Organisationsbegriff

Unter Organisation wird die *Gesamtheit der* auf die Erreichung von Zielen und Zwecken gerichteten *Maßnahmen* verstanden, durch die
- ein soziales System strukturiert wird und
- die Aktivitäten der zum System gehörenden Menschen, der Einsatz von Mitteln und die Verarbeitung von Informationen geordnet werden.

Die konkreten Organisationen stellen sich im Einzelfall sehr unterschiedlich dar. Sie haben aber einige *Merkmale* gemeinsam, die sie als Organisation charakterisieren.

- Organisationen haben Mitglieder, die genau bestimmbar sind, die unterschiedliche Aufgaben wahrnehmen und sich in einem Verhältnis von Über- und Unterordnung befinden. Die Aufgaben müssen übertragbar sein an beliebige Personen. Die Mitglieder der Organisation müssen im Hinblick auf die Funktionsausübung austauschbar sein. Nur so ist die Kontinuität einer Organisation gewährleistet.
- Organisationen verfolgen bestimmte Ziele (ein Krankenhaus z. B. „die Heilung von Kranken").
- Organisationen sind zur Verwirklichung dieser Ziele zumindest vom Ansatz her rational gestaltet.
- Mitarbeiter und Sachmittel werden einander so zugeordnet, daß die Erreichung der Ziele der Organisation möglichst ökonomisch ermöglicht wird.
- Organisationen sind in einer Umwelt tätig. Sie haben ein „Umsystem" und sind in ihrer Struktur, in ihren Sachmitteln, im Verhalten der Mitarbeiter von dieser Umwelt abhängig. In ihrer Zielsetzung sind Organisationen anderen Organisationen oder diesem „Umsystem" zugeordnet.
- Organisationen besitzen eine nicht genau festlegbare Mindestgröße. Das heißt, solange Menschen, die miteinander zusammenarbeiten, sich beobachten können, sich erleben können bei ihren Aktivitäten, können sie auch ohne formale Regelungen ihre Zusammenarbeit so koordinieren, daß die Ziele erreicht werden können. Erst ab einer bestimmten Anzahl von Mitarbeitern ist es erforderlich, durch Regelun-

gen die Aktivitäten der Mitarbeiter, die Zuordnung von Sachmitteln, den Ablauf von Tätigkeiten, das Ineinandergreifen von Tätigkeiten und Abläufen überschaubar zu machen.

7.2 Probleme und Anforderungen an eine Organisation

Versteht man eine Organisation als ein System zur Erreichung von Zielen durch die Zuordnung von Menschen, Sachen, Informationen/Verfahren, so ergibt sich das Problem, von welchem Prinzip her die Zuordnung erfolgt.

Geht man bei der Gestaltung der Organisation primär von den Sachen, von den Finanzmitteln und Informationen aus und gestaltet von diesen Bereichen her auch den Bereich Mensch, oder versucht man, primär vom Menschen auszugehen und von daher eine Zuordnung der Sachen und Informationen/Verfahren vorzunehmen?

Das Problem, das sich hier ergibt, steht im Spannungsfeld von Freiheit und Selbständigkeit der individuellen Persönlichkeit und den Sachzwängen der Organisation.

- Wir gehen von folgender Annahme aus:
  - Die Organisation unterwirft als eine anonyme zweckrationale Struktur den Menschen ihren Anforderungen;
  - die Organisation macht den Menschen abhängig, gehorsam, passiv;
  - die Organisation provoziert dadurch Frustration, Ängste, Ärger, Versagen;
  - die Organisation führt dadurch zu Konformität, starrem Verhalten und Gleichgültigkeit.
- Problem:
  Wie soll die Beziehung zwischen der Persönlichkeit der Mitglieder und der Organisation, die Beziehung zwischen Gruppe und Organisation, Mitglied und Gruppe geregelt werden? (Zuordnungsprobleme)

Es stellt sich bei der Auseinandersetzung mit der Organisation und dem Organisieren die Notwendigkeit, uns vorweg mit dieser Problemstellung auseinanderzusetzen und Problemlösungsmöglichkeiten bei der Gestaltung der Struktur- und Ablauforganisation zu berücksichtigen.

Eine Organisation ist ein System, das Ziele zu erreichen sucht. Die Frage ist aber, in welchem Ausmaß diese Ziele und damit das Handeln der Mitglieder von Sachzwängen bestimmt werden, oder ob man versucht, eine Organisation so zu gestalten und die Handlungen so auszurichten, daß humane Werte realisiert werden.

Vom Umwelt-System kommen auf die Organisation viele Aufgaben und Anforderungen bei relativ knappen Mitteln zu. Wenn nun keine

Priorität der Ziele vorhanden ist, kein eindeutiges klares Zielsystem, so hat dies Konsequenzen: Mit der Zeit wird jede Aufgabe ungenügend ausgeführt, die Ziele werden ungenügend erreicht, und der Mitteleinsatz ist im Hinblick auf die Wirkung unbefriedigend. Im staatlichen Bereich kommt es bei mangelnder Vorrangigkeit der Ziele zu einer Ausweitung der Stellen und der Mittel.

Nicht außer acht gelassen werden darf die Beziehung zwischen den Mitarbeitern mit ihren Wertvorstellungen und Wünschen und den Zielen der Organisation. Dies ist nicht nur ein Problem der Mitarbeiter, sondern auch der Organisation. Denn für das Setzen der Ziele und Zielprioritäten, für die Erreichung der Ziele braucht sie den Mitarbeiter, der sich mit der Organisation identifiziert.

Damit ist die Frage der Motivation verbunden. Wie werden Menschen gewonnen, in eine Organisation eingeführt; wie werden sie dazu hingeführt, Energie für die Aktivitäten, die von der Organisation verlangt werden, aufzubringen, und wie erreicht man, daß sie in der Organisation bleiben? Verwendet man hier Zwang, Strafe, oder versucht man, die Menschen als Persönlichkeiten für die Ziele der Organisation zu gewinnen?

Mitglieder der Organisation verlangen eine Einbeziehung in die Zielsetzung und Entscheidungsprozesse der Organisation, d. h. eine Integration der Mitglieder in den Organisationsprozeß, so daß mit der Erreichung der Ziele auch die Ziele der Mitglieder als individueller Persönlichkeiten annäherungsweise realisiert werden können. Demgegenüber steht die These, daß die Mitglieder einer Organisation, insbesondere einer Arbeitsorganisation, die Möglichkeit haben, außerhalb dieser Organisation ihre Wünsche zu realisieren. Dies gilt insbesondere bei zunehmender Freizeit.

• Wir gehen von folgender Annahme aus:
  – Eine Organisation benötigt ein klares Zielsystem und Zielprioritäten;
  – die Zielsetzung und Zielerreichung der Organisation ist abhängig von den Wertvorstellungen ihrer Mitglieder.
• Problem:
  Wie kommt eine Organisation zu einer klaren Zielkonzeption und zu Zielprioritäten?
  Wie schafft die Organisation eine Beziehung zwischen ihren Zielen und den Wertvorstellungen und Erwartungen ihrer Mitglieder?

Daraus aber ergeben sich wiederum bezüglich einer Auseinandersetzung mit dem Organisationswesen folgende Voraussetzungen für eine Struktur- und Ablauforganisation:

– Sie muß auf einem Zielsystem aufbauen;

– sie muß das Setzen von Zielprioritäten ermöglichen;
– sie muß eine dynamische Gestaltung der Beziehungen von Zielen der Organisation und Wertvorstellungen der Mitarbeiter ermöglichen.

Im Hinblick auf „Entscheidungsstruktur und Organisation" hat eine Organisation ein weiteres Problem mit entsprechenden Anforderungen zu bewältigen: Der Entscheidungsprozeß hat sich gegenüber früher geändert. Es sind häufiger Entscheidungen zu treffen; die Entscheidungen sind komplexer geworden; mehr Spezialisten wirken an einer Entscheidung mit. Die Anzahl der Besprechungen nimmt zu. Die Besprechungen dauern immer länger, werden aber gleichzeitig weniger effizient. Die Informationsmengen und die Informationsgeschwindigkeiten nehmen täglich zu. Organisationen, die nicht von ausführenden, manuellen Tätigkeiten bestimmt sind, müssen dazu übergehen, von der Gestaltung des Entscheidungsprozesses (also vom Setzen der Ziele her) und von der Lösung von Problemen her ihre Organisation zu gestalten. Die Notwendigkeit ergibt sich auch dadurch, daß zunehmend mehr Spezialisten auf der Ebene von problemlösenden Tätigkeiten mitwirken und eine Integration dieser Spezialisten nur möglich ist, wenn man nicht von bürokratischen Überlegungen ausgeht, sondern von der Frage: Wie können Probleme optimal gelöst werden und die Problemlösungen in Aktionen zur Erreichung der Ziele umgesetzt werden?

- Wir gehen von folgender Annahme aus:
  – Von der Entscheidungsstruktur (Struktur der Zielsetzung, Problemlösungsprozesse, Entscheidungen) hängt die Wirksamkeit einer Organisation ab.
  – Die Entscheidungsstrukturen verändern sich: Entscheidungen fallen häufiger an, sind komplexer, erfordern mehr Spezialisten.
- Problem:
  Wie kann man eine optimale Entscheidungsstruktur für die Organisation gestalten?
  Bei relativ geringem Umfang von ausführenden Tätigkeiten ist bei der Gestaltung der Struktur- und Ablauforganisation von der Entscheidungsstruktur auszugehen.
  Es bleibt also zu klären, was das für Strukturformen sind, die uns einerseits bestimmen und die wir andererseits beeinflussen können.

7.3 Die Aufbaustruktur der Organisation

Die von einer Organisation zu erfüllenden Aufgaben müssen als Teilaufgaben verschiedenen Aufgabenträgern zugeordnet werden.[12]

[12] Vgl. K. Bleicher: Unternehmensentwicklung und organisatorische Gestaltung. UTB Stuttgart 1979, S. 85 ff.

Die Anordnung der Aufgabenträger und ihre Beziehung untereinander werden in der sogenannten Struktur- oder „Aufbauorganisation" erfaßt. Diese regelt im einzelnen:

– die Stellenbildung,
– die Entscheidungsbefugnis und Verantwortung,
– die Über- und Unterstellung,
– die Kooperationsbeziehungen,
– die Kommunikationsbeziehungen.

Als Strukturtypen sollen vier *organisatorische Grundmodelle der Aufgaben- und Kompetenzzuteilung* dargestellt werden:

- die Linienorganisation,
- die Stab-Linien-Organisation,
- die Produktgruppenorganisation,
- die Matrix-Organisation.

7.3.1 Die Linienorganisation

Für die Linienorganisation ist charakteristisch, daß jede Stelle nur durch eine einzügige Linie mit allen ihren vorgesetzten Instanzen verbunden ist. Der Grundgedanke: Jede Stelle soll nur von einer einzigen Instanz Anordnungen erhalten („Einheit der Auftragserteilung").

Vorteile:

– Die Einheit der Auftragserteilung reduziert Kommunikations- und Entscheidungsprozesse.
– Die Kompetenzen sind klar abgegrenzt.
– Die Kommunikationswege sind eindeutig („Dienstweg").
– Die Kontrolle ist leicht.

Nachteile:

– Die Leitungsspitze ist überlastet. Keine Spezialisierung bei der Leitungsfunktion. Zu langsame Willensbildung.
– Die Kommunikationswege sind zu lang (Zeitverlust).
– Das Kommunikationssystem ist unterdimensioniert. Keine direkte Kommunikation zwischen hierarchisch gleichrangingen Instanzen und Stellen.
– Gefahr des Bürokratismus.
– Überbetonung der positionsspezifischen Autorität. Unvereinbar mit den heutigen Anforderungen nach humanen Arbeitsbedingungen.

Abbildung 2: Die Linienorganisation

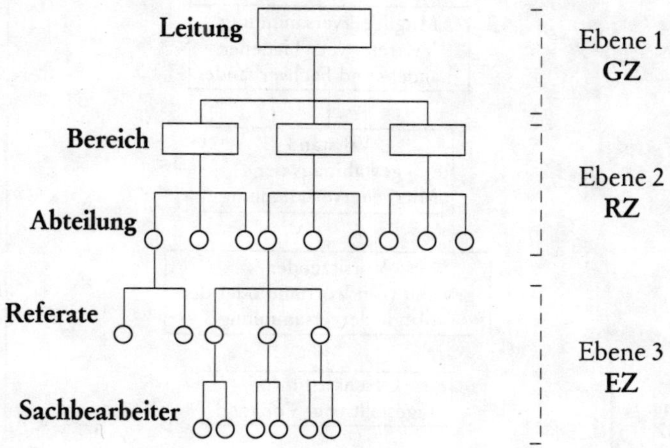

Die Abbildung zeigt die *Pyramidenform* der Organisation. Drei Ebenen sind zu unterscheiden:

Ebene 1: Entscheidungsebene
Hier wird die Verantwortung für die **Grundsatzziele,** ihre Weiterentwicklung, ihre Ausdifferenzierung und Realisierung wahrgenommen.

Ebene 2: Strategische Ebene
Hier geht es vor allem um die Bereitstellung der Mittel und die ständige Erkundung der besten Wege zur Operationalisierung und Erreichung der **Rahmenziele.**

Ebene 3: Ausführungsebene
Hier geht es darum, mit kleinen Schritten im Alltag die sich aus Grundsatz- und Rahmenzielen ergebenden **Ergebnisziele** zu erfüllen.

Die Zentrale einer Jugendorganisation könnte beispielsweise linearstrukturiert sein, s. Abb. 3.

Abbildung 3: Beispiel für eine linearstrukturierte Organisation

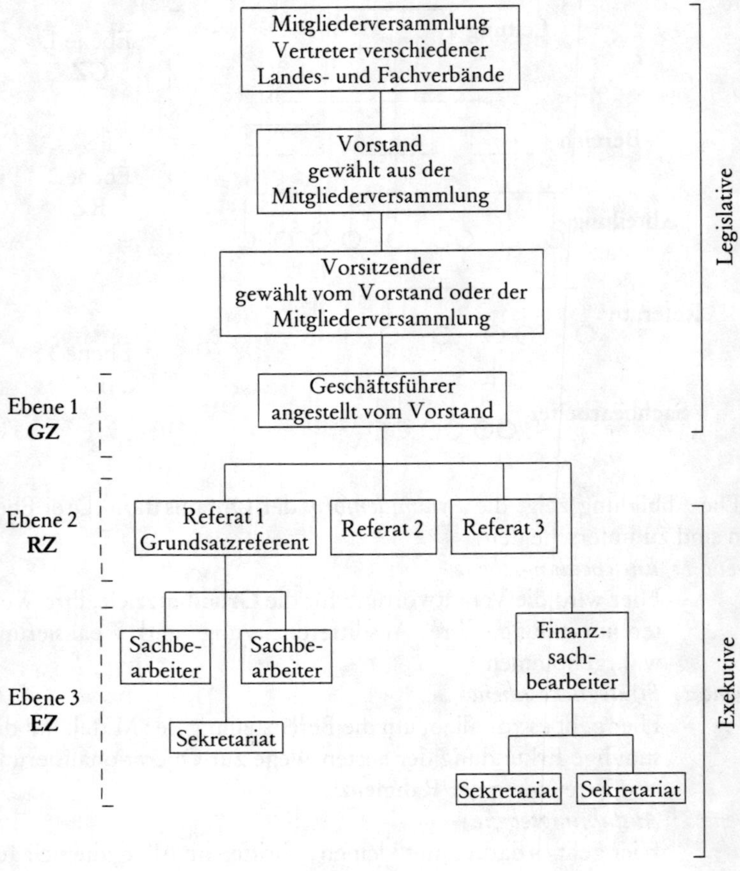

Die Arbeitsplätze sind einander klar zugeordnet.

Das Übersichtsbild erlaubt es, erste Vermutungen über Ziele, Aufgaben, Kompetenzen und Anforderungsprofile der Stellen anzustellen. Als Ausschnitt vergrößert und im Detail ausgeführt, ergäbe sich z. B. das in Abb. 3 a dargestellte Bild.

Abbildung 3 a:

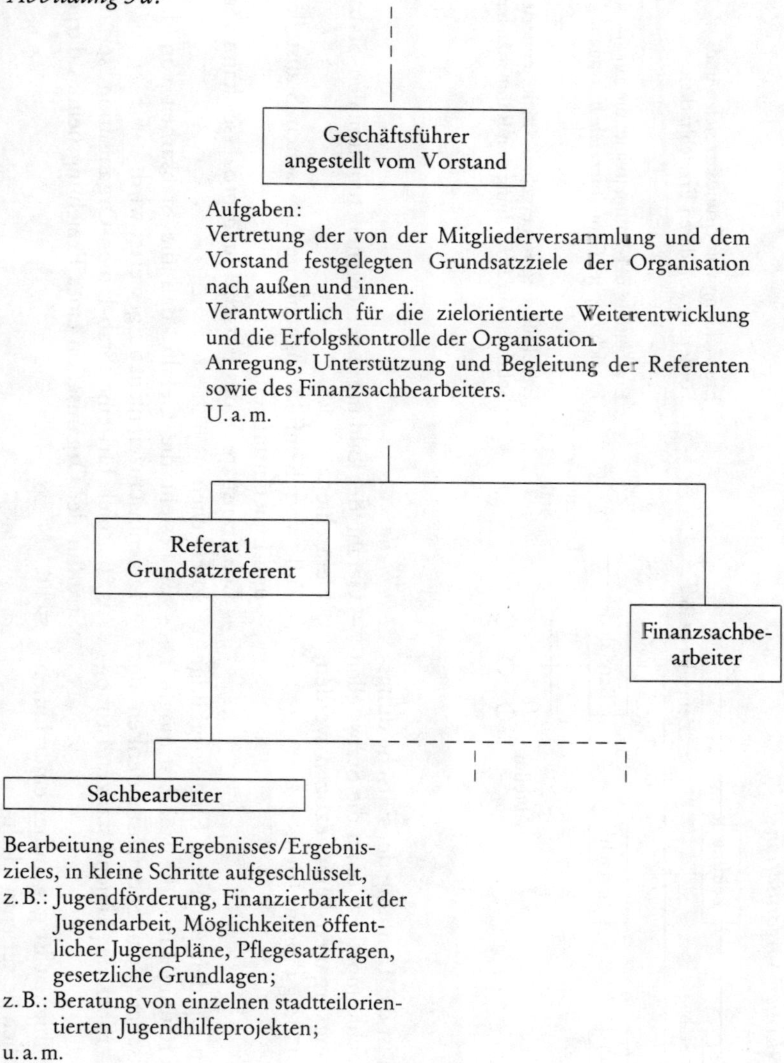

7.3.2 Die Stab-Linien-Organisation

In der Stab-Linien-Organisation sind auf verschiedenen Entscheidungsebenen Stabsstellen angesiedelt. Die Stabsstellen haben ausschließlich Fachberatungsfunktion für die Leitungsorgane, sie haben keinerlei Weisungsbefugnis gegenüber der Linie.

Abbildung 4: Die Stab-Linien-Organisation

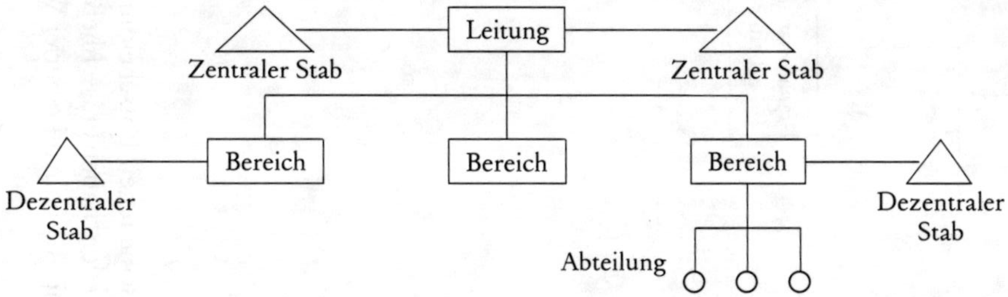

Entwicklung von Grundsatzzielen und Förderung von deren Erreichbarkeit.

Erarbeitung der Rahmenziele, die zur Erreichung der Grundsatzziele beitragen.

Durchführung von ergebnis-/zielorientierten Schritten zur Erreichung von Rahmenzielen.

Das Charakteristikum ist die Trennung der Entscheidungskompetenz von der Fachkompetenz, denn die Stabsstellen *können* von den Leitungsorganen herangezogen werden, dürfen aber nicht selbständig tätig werden.

Vorteile:
- Die Linieninstanzen werden entlastet. Eine sorgfältige Entscheidungsvorbereitung durch die Stäbe ist möglich.
- Ein Ausgleich zwischen dem Spezialistendenken des Stabes und dem Überblick der Linieninstanzen ist möglich.
- Die Koordinationsfähigkeit ist gegenüber einer Linienorganisation wesentlich besser entwickelt.

Nachteile:
- Gefahr der Bildung einer eigenen funktionalen Stabshierarchie.
- Fülle von Konfliktmöglichkeiten zwischen Stabstellen und Linieninstanzen.
- Die Transparenz des Entscheidungsprozesses kann verlorengehen.
- Es besteht die Gefahr, daß die Stabsarbeit von den Linieninstanzen nicht ausgewertet wird.

Als Beispiel für eine Stab-Linien-Organisation sei die Struktur der Organisation eines Erziehungsheimes dargestellt.

Abbildung 5: Beispiel für die Stab-Linien-Organisation eines Erziehungsheimes

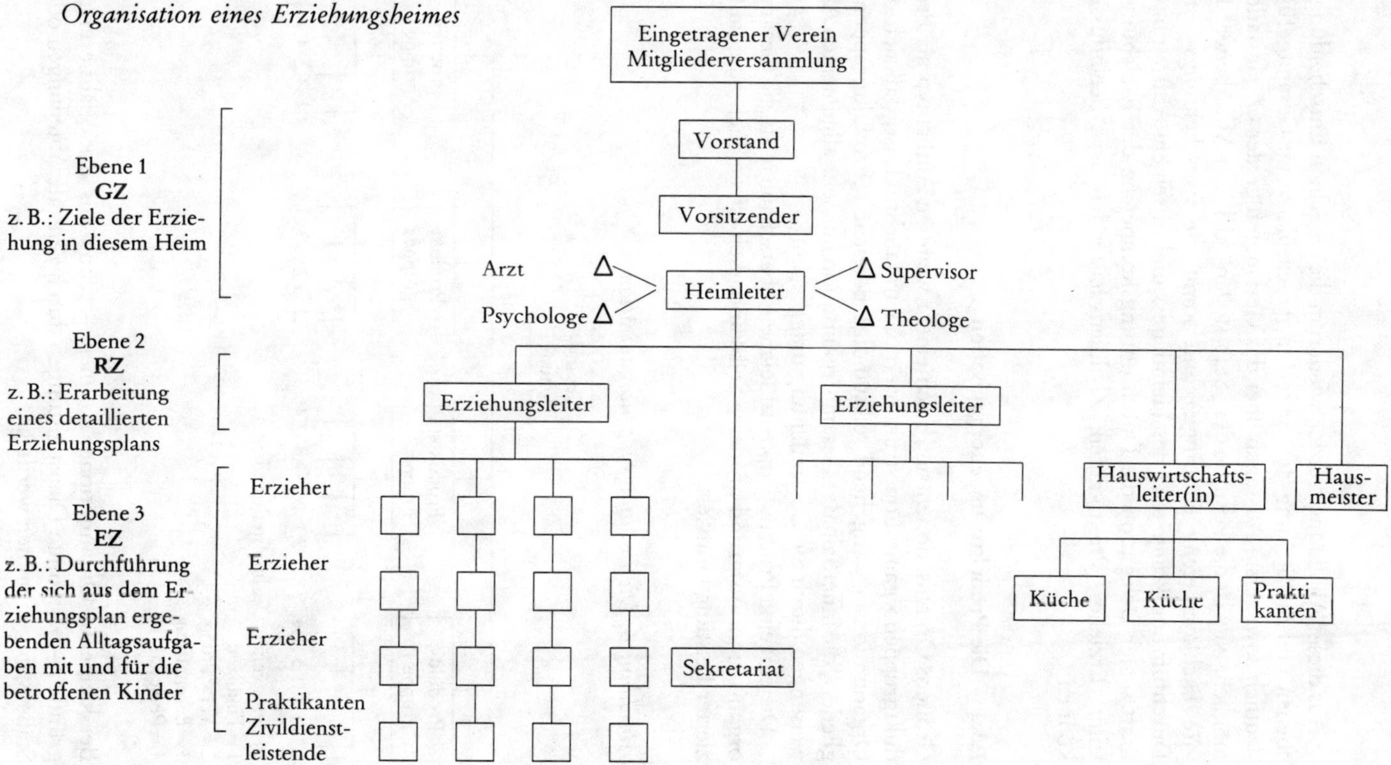

Aus dieser Abbildung werden wiederum die einzelnen Entscheidungsebenen und die Stellung der einzelnen Arbeitsplätze im Gesamtgefüge deutlich sowie erste Aussagen über das Gesamtgefüge der Organisation möglich. Neu ist die Position der „Stabsstellen", d. h. der Mitarbeiter, die ihre Fachkompetenz einbringen und somit die Entscheidungs- und Durchführungskompetenz des Heimleiters und in seinem Auftrag bzw. kraft seiner Delegation die Durchführungskompetenz der Erziehungsleiter, Erzieher, Praktikanten, Zivildienstleistenden usw. beeinflussen können.

7.3.3 Die Produktgruppenorganisation

Größere Organisationen sind nach einem weiteren Aufbautyp als Produktgruppenorganisation strukturiert. Charakteristisch ist, daß sich die Organisation in weitgehend selbständige Bereiche („Produktgruppen") gliedert, die innerhalb der Gesamtorganisation nur sehr allgemeinen Anweisungen durch die Gesamtleitung unterliegen.

Die einzelne Produktgruppe ist leichter überschaubar als die Gesamtorganisation. Aufgrund größerer Selbständigkeit ist sie auch zu qualifizierter Leistung motiviert.

Abbildung 6: Die Produktgruppenorganisation

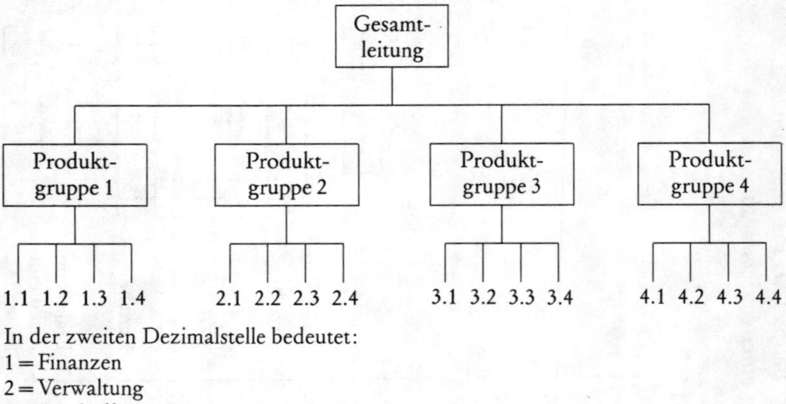

In der zweiten Dezimalstelle bedeutet:
1 = Finanzen
2 = Verwaltung
3 = Beschaffung
4 = Personal

Bei kleineren Organisationen können – schon aus Rationalisierungsgründen – bestimmte Dienstleistungen durch zentrale Abteilungen oder Stäbe wahrgenommen werden.

Abbildung 7: Produktgruppenorganisation mit Zentralbereichen

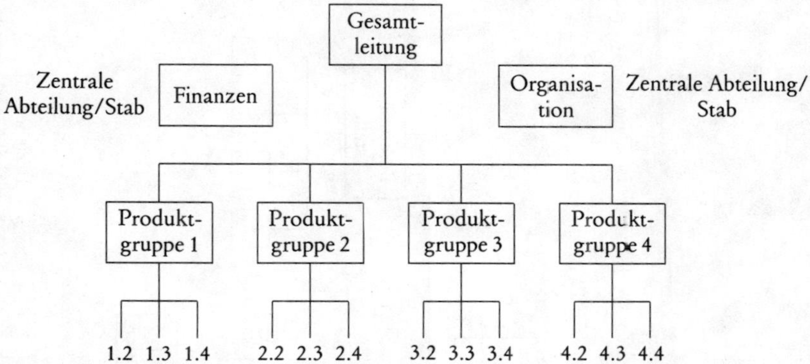

Die Bereiche Finanzen und Organisation werden von der Gesamtleitung auf zentrale Abteilungen verlagert. Die Ergebnisse dieser zentralen Stäbe werden über die Gesamtleitung an die einzelnen Produktgruppen zur Bearbeitung bzw. auch zur Entscheidung weitergegeben. Ein Beispiel von organisatorischer Konzentration zur Dezentralisierung (s. Produktgruppenorganisation): die Anstalten Bethel.

Als Beispiel für eine Produktgruppenorganisation sei eine größere Einrichtung aus dem Bereich der Sozialpädagogik angeführt, zu der neben einem Erziehungsheim eine Erziehungsberatungsstelle, eine heimeigene Sonderschule und ein Altenheim gehören (s. Abb. 8).

In der Abbildung treten wiederum die einzelnen Entscheidungsebenen deutlich hervor. Außerdem läßt sich ablesen, daß diese Organisationsform den *Vorteil* hat, daß bestimmte Dienstleistungen (im Bereich Finanzen, Personal, Organisation/Verwaltung) für alle „Produktgruppen" zentral erbracht werden, daß jede Produktgruppe für sich einen Eigenraum hat, sich auf die spezielle Aufgabe konzentrieren kann.

Als *Nachteil* liegt die Gefahr einer zu starken Institutionalisierung auf der Hand: Die zentrale Verwaltung fördert die Unselbständigkeit der Teilgruppen. Das große, leicht unüberschaubare Gebilde bewirkt eine gewisse Anonymität, die Hospitalisierungseffekte zur Folge haben kann. Vom Standpunkt der Verwaltung ergeben sich klare Vorteile, vom Standpunkt der Zielsetzung der Sozialeinrichtung ergeben sich Nachteile. Beides muß gegeneinander aufgewogen werden.

7.3.4 Die Matrix-Organisation

Während die bisher dargestellten Organisationsmodelle alle eindimensional-hierarchisch sind, versucht man mit Hilfe der Organisation, ein zwei- oder mehrdimensionales Strukturmodell zu schaffen. Das klassi-

Abbildung 8: Eine Produktgruppenorganisation im Bereich der Sozialpädagogik

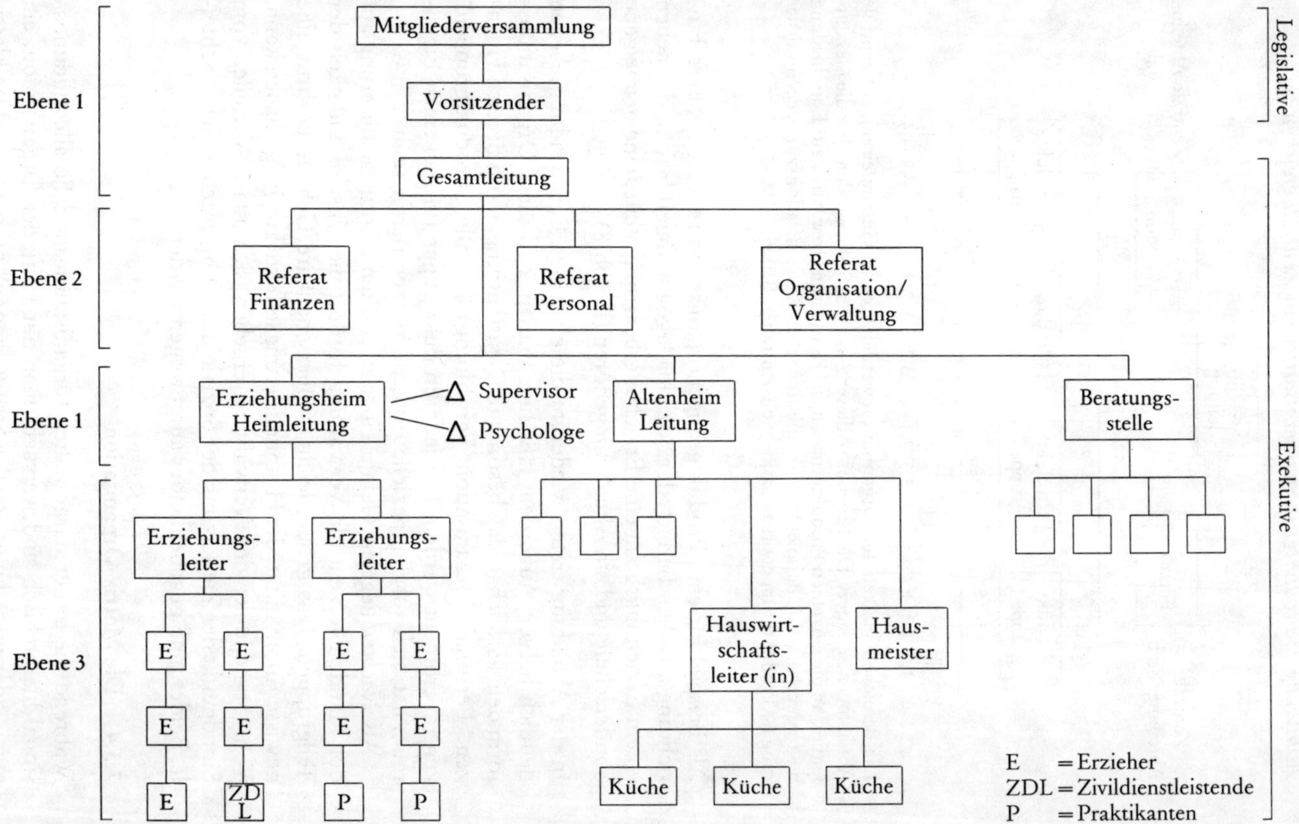

sche Prinzip der „Einheit der Auftragserteilung" wird aufgegeben zugunsten einer Aufteilung der Leitungsfunktion nach Dimensionen. Neben dem Linienverantwortlichen hat auch der sogenannte Produktmanager eine funktionale Weisungskompetenz. Unter Verwendung dieses Modells soll eine Spezialisierung der Leitung nach Dimensionen (d.h. nach Leistungsbereichen einerseits, Dienstleistungsbereichen wie Buchhaltung, Einkauf, Planung usw. andererseits) ermöglicht werden.

Abbildung 9: Die Matrix-Organisation

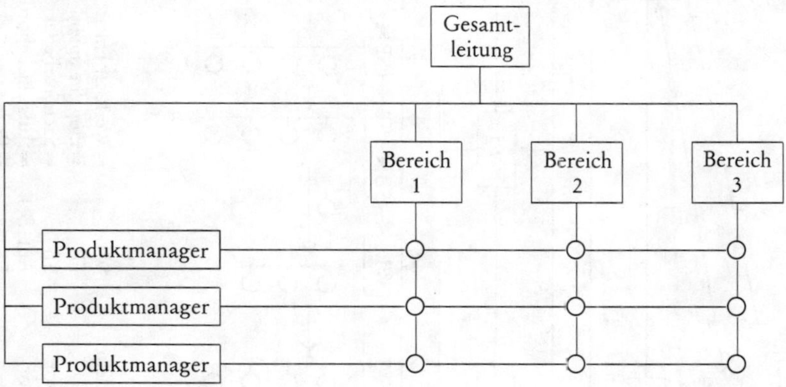

Vorteile:
- Die Leitungsspitze wird entlastet.
- Direkte Wege.
- Koordination unter Berücksichtigung aller Aspekte.
- Abbau eines hierarchischen Denkens zugunsten einer funktionalen Autorität.

Nachteile:
- Sehr großer Kommunikationsbedarf mit der Gefahr von zuviel Kompromissen und Verzögerungen bei Entscheidungen.
- Viele Konfliktmöglichkeiten wegen unterschiedlicher Sichtweisen der Verantwortlichen.

In der Praxis zeigt sich, daß sich die Matrixorganisation nicht sonderlich hat durchsetzen können. Dies hat unter anderem gewiß seine Gründe im
- häufigen Kompetenzgerangel zwischen Linienvorgesetzten und Produktmanagern,
- in der demotivierenden Mehrfachweisungsgebundenheit der Mitglieder der betreffenden Organisation.

Freilich hat in den letzten Jahren eine Reihe von Strafvollzugsanstalten in der Bundesrepublik Deutschland immer mehr den Charakter von

Abbildung 10: Beispiel einer Matrix-Organisation

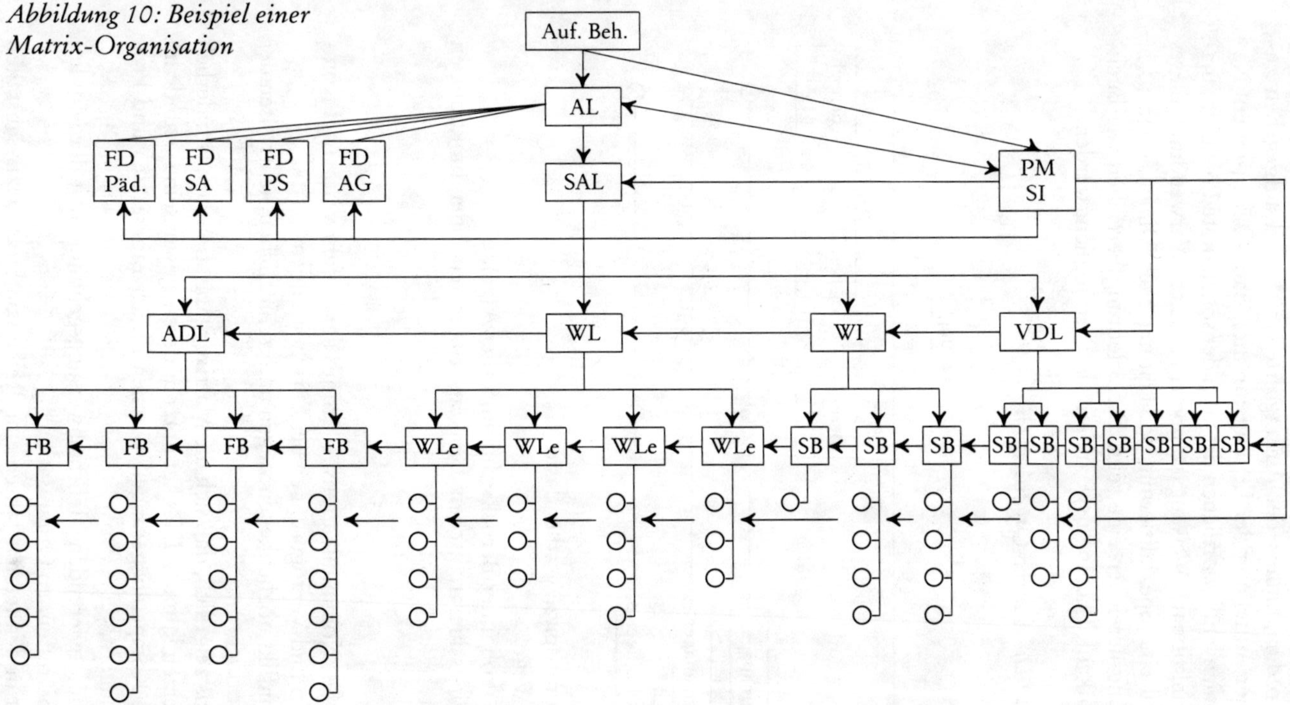

○	= Basisbeamter	VDL	= Verwaltungsdienstleiter	WLe	= Werkstättenleiter	SA	= Sozialarbeiter
AL	= Anstaltsleiter	WL	= Werkdienstleiter	FB	= Flügelbeamter	PS	= Psychologe
SAL	= Stellvertretender AL	WI	= Wirtschaftsinspektor	SB	= Sachbearbeiter	AG	= Anstaltsgeistlicher
FD	= Fachdienst (Stab)	SI	= Sicherheitsinspektor	Auf. Beh.	= Aufsichtsbehörde		
ADL	= Aufsichtsdienstleiter	PM	= Produktmanager	Päd.	= Pädagoge		

Stab-Linienorganisationen zugunsten von Matrix-Organisationen verändert.

Indem in einzelnen Anstalten besondere Gewaltverbrecher oder gar rechtskräftig verurteilte Mitglieder von terroristischen Vereinigungen verbracht wurden, unterstehen die Anstalten auch besonderen Sicherheitsmaßnahmen (bzw. dem, was der zuständige Justizminister mit seinem Apparat oder die Öffentlichkeit dafür hält).

Während die Anstaltsleitung mit den Mitarbeitern der Gesamtorganisation das gesetzlich vorgeschriebene Vollzugsziel zu verfolgen hat, die Gefangenen zu einem Leben in sozialer Verantwortung ohne Straftaten zu führen (Zielsetzung des Strafvollzuges gemäß § 2 Satz 1 StVollzG), wurden von der Aufsichtsbehörde „Sicherheitsinspektoren" eingesetzt bzw. mit zunehmender Weisungskompetenz durch alle Hierarchiestufen und häufig „direktem" Draht zur Aufsichtsbehörde ausgestattet, um die Sicherheit zu garantieren (der Vollzug der Freiheitsstrafe dient auch dem Schutz der Allgemeinheit vor weiteren Strafen; Rahmenbedingung s. § 2 Satz 2 StVollzG).

In der Praxis kann sich aus einer Stab-Linienorganisation dann ein (noch vereinfachtes stilisiertes) Matrix-Organigramm entwickeln.
Das vorstehende Organigramm veranschaulicht, daß fast alle Mitglieder der Organisation sowohl einer vertikalen als auch auf allen Hierarchieebenen einer horizontalen Weisungskompetenz unterliegen. Der Produktmanager (Sicherheitsinspektor) hat nicht nur direkte Weisungsgebundenheit an den Anstaltsleiter, sondern auch an die Aufsichtsbehörde. Die Ziele der Anstaltsleitung und die des Sicherheitsinspektors stehen, wie bereits dargelegt, zumindest in Konkurrenz. In der Organisationspraxis ergeben sich hieraus Ziel-/ Interessen- und Personalkonflikte, die nicht etwa besserer Zielerreichung, sondern deren Verhinderung oder gar Verkehrung dienen. Es wird noch mancher Überlegung bedürfen, um abzuklären, in welchen Situationen und für welche Zwecke die Einführung einer Matrix-Organisation dienlich sein kann.

7.4 Die Ablaufstruktur der Organisation

Unter der Ablaufstruktur ist das Zusammenhangsgeflecht zu verstehen, das bei ganz konkreten Organisationsvorgängen entsteht. Die Analyse der Ablaufstruktur kann von einer anderen Seite, als die Aufbaustruktur es ermöglicht, die Macht- und die Abhängigkeitsproblematik, ebenso die Dynamik oder auch den Leerlauf in einer Organisation aufzeigen. Die Analyse der Ablaufstruktur kann

– an Beispielen typischer Organisationsvorgänge und

– an Beispielen besonderer Organisationsvorgänge
vorgenommen werden.

Beispiele für *typische* Organisationsvorgänge:

– In der Poststelle eines Kinderheimes geht ein Aufnahmeantrag ein. Was passiert von diesem Zeitpunkt an bis zu der Entscheidung über den Antrag?
– Der Leiter einer Zentralen Beratungsstelle beantragt beim Vorstand die Anschaffung eines Kopiergerätes. Was läuft ab, bis das Kopiergerät in einem der Räume der Organisation steht?
– In einer Dienststelle findet jeden Mittwoch eine Dienstbesprechung statt. Wie läuft es von der Vorbereitung bis zur Beendigung dieser Maßnahme?
– Das Gericht fordert ein Gutachten über einen Klienten an. Was passiert bis zum Zeitpunkt der Fertigstellung?

Beispiele für *besondere* Organisationsvorgänge:

– Ein Jugendlicher ist aus einem Heim weggelaufen. Was passiert bis zur Fahndungseinleitung (Fallabgabe) an die Polizei?
– In einer Justizvollzugsanstalt randaliert ein Gefangener. Was geschieht bis zur Herstellung der Ruhe?
– In einer Bahnhofsmission erscheinen vier betrunkene junge Männer und belästigen die dort anwesenden Frauen. Was läuft ab bis zur Herstellung einer wieder normalen Arbeitssituation?

Die Analyse der Ablaufstruktur[13] muß die Abläufe in die kleinsten einzelnen Schritte zerlegen und damit *alle* Bereiche berücksichtigen, die durch den zu analysierenden Ablauf in der Organisation betroffen sind. Dies muß transparent und nachvollziehbar gemacht werden. Eine Ablauftabelle aufzustellen und auszufüllen kann hier gute Dienste leisten:

Bereiche	Ablaufschritte								
z. B.:	1 →	2 →	3 →	4 →	5 →	6 →	7 →	8 →	9 → x
Tätigkeiten									
Informationen									
Beteiligte Personen									
Entscheidungen									
Zeitaufwand									
Finanzen									

[13] Vgl. H. U. Küpper: Ablauforganisation. UTB Stuttgart 1982, S. 13 ff.

Nachstehend führen wir zur konkreten Darstellung eines Organisationsablaufes ein Beispiel an:

Eine Kleingruppe bekam während eines Fortbildungskurses folgende Aufgabe: „In dem Jugendamt X wird angefragt, ob für das Kind Irene Fremdunterbringung nötig ist."

Was läuft nun in der Organisation vom Anfrageeingang bis zur Entscheidung wie ab? Im Brainstormingverfahren ermitteln die Gruppenmitglieder zunächst die zum Ablauf gehörenden Dimensionen, um diese dann mit Inhalt zu füllen.

Die *Legende zum Ablaufschema* (Abb. 11):
AL = Amtsleiter
Abl = Abteilungsleiter
Agl = Abteilungsgruppenleiter
SA = Sozialarbeiter,
SchD = Schreibdienst
A = Gehaltsgruppen der Beamtenbesoldung
BAT = Bundesangestelltentarif.

Nach der Erstellung des fiktiven IST-Ablaufs zeigt sich insbesondere bei einer Kombination der Zeit- und Gehaltsgruppendimensionen der sehr hohe Personal-, Zeit- und Kostenaufwand in dieser Sache. Solche Erscheinungen sind in übrigens vielen sozialen Organisationen üblich.

Dieser Umstand kann Motivation zur Erarbeitung eines SOLL-Ablaufs bewirken, in dem die einzelnen Schritte auf ihre Notwendigkeit

Abbildung 11: IST-Ablaufanalyse
Problem: *„Überprüfung der Notwendigkeit von Fremdunterbringung"*

Dimensionen	Ablaufschritte				
	1	2	3*	4*	5*
Personen	AL Anfrage, ob Fremdunterb. nötig	Abl 40 liest Aktenvermerk	SA 41 liest Aktenvermerk	SchD schreibt Vermerk	SA 41 liest und zeichnet ab, Weitergabe
Sachen	Akte 41 handschr. Vermerk	Akte 41 Postverteilung	Akte 41 diktiert Vermerk	Papier Kohlepapier	Akte 41
Zeit/Wege	10 Min.	3 Min.	5 Min.	10 Min.	5 Min.
Mittel/ Maschinen	Postfach	Postfach	Diktiergerät, Postfach	Schreibmaschine, Wiedergabegerät, Postfach	Postfach
Finanzen	A 15	A 13	A 10	BAT IX	A 10
Konflikte	X	X			

6*	7	8	9	10
Abl 40 liest Vermerk, unterschreibt	Abl 20 liest Vermerk, Weitergabe	Agl 21 liest Vermerk, Postverteilung	21 Zuarbeiter sucht Akte 21 z. Vermerk	Agl 21 liest, schr. u. dik- tiert Aktenverm./ Stellungnahme
Vermerk	Vermerk	Vermerk	Vermerk Akte 21	Akte 21 Diktiermappe
5 Min.	5 Min.	5 Min.	5 Min.	20 Min.
Postfach	Postfach	Postfach	Postfach Leiter	Diktier- gerät
A 13	A 12	A 11	BAT VIII	A 10
	X			

11*	12*	13	14*	15
SchD schreibt	SA liest, zeichnet ab, Weitergabe	Abl 20 liest, unter- schreibt	Abl 40 liest Bericht, Weitergabe	AL liest Bericht u. entschei- det: „Es bleibt alles beim alten", läßt Akte abheften
Diktiermappe, Papier, Kohle- pap.	Akte 21	Akte 21 u. Bericht	Bericht u. Akte 41	
15 Min.	5 Min.	5 Min.	10 Min.	5 Min.
Schreibmaschine, Wiedergabege- rät, Postfach	Postfach	Postfach	Postfach	Postfach
BAT IX	A 10	A 12	A 13	A 15

* Entfallen bei Soll-Ablaufstruktur

hin überprüft, eventuell gestrichen oder korrigiert, d.h. neu definiert werden. Auch bei einem ausgewählten Ablauf zeigen sich erhebliche Reserven in den Bereichen Personal, Zeit und Finanzen (vgl. S. 95).

Nach der Durchführung einer Ablaufanalyse ist es also möglich, zusammen mit den Beteiligten mögliche Schwachstellen zu ermitteln und durch gemeinsame Überlegungen, wo wünschenswert und nötig, eine entsprechende SOLL-Ablaufstruktur für den Vorgang zu entwerfen und einzurichten.

Abbildung 11a: SOLL-Ablaufstruktur

Variante I:

	1[1]	2[2]	3[7]	4[8]	5[9]	6[10]	7[13]	8[15]
Personen	AL Anfrage	Abl 40 liest Vermerk kopiert ihn u. bringt Kopie zu Abl 20 (pers. Kontakt)	Abl 20 spricht mit Abl 40, liest Postverteilung	Agl 21 liest Vermerk, Weiterleitung	Zuarbeiter 21 sucht Akte	SA 21 liest Kopie u. Akte schreibt: „U an AL – unter Beifügung d. Akte mit der Bitte um Kenntnisnahme“	Abl 20 unterschr. Vermerk u. reicht an AL über Postfach weiter	AL liest Vermerk u. Akte u. entscheidet, „falls er noch kann“, gibt Akte zurück
Sachen	Akte 41 handschr. Vermerk	Akte 41 Kopie	Kopie	Kopie	Akte 21 Kopie	Akte 21 Kopie	Akte 21 Kopie	Akte 21 Kopie
Zeit/Wege	10 Min.	20 Min.	15 Min.	5 Min.	5 Min.	10 Min.	5 Min.	15 Min.
Mittel/ Maschinen	Postfach	Fotokopierer	Postfach	Postfach	Postfach, Leiter	Postfach (Mittel- u. Maschineneinsparung) (Mitarb. Abt. 41 u. Schreibdienst entfallen)	Postfach	Postfach
Finanzen	A 15	A 13 0,20 DM f. Kopie	A 12	A 11	BAT VIII	A 10	A 12	A 15

=85 Min.

Variante II: AL läßt sich Akte 21 direkt bringen, liest und entscheidet.

Ablaufstruktur-Analysen zeigen recht häufig auf, wo sinnlose, zeitraubende und damit schließlich auch kostenaufwendige Organisationsabläufe vorhanden sind. Deren Korrektur kann nicht nur zu erheblichen Einsparungen, sondern vor allem auch zu mehr Arbeitsplatzzufriedenheit und damit letztlich auch zu höherer Mitarbeitermotivation beitragen.

Unserem Beispiel ist ein denkbarer SOLL-Ablauf zugeordnet.

Eine weitere Variante ist vorgeschlagen. In der Praxiswirklichkeit einer Organisation sind nun weder die Analyse eines Ablaufes, noch die in der Gruppe entwickelten Varianten nur auf der Ebene der Rationalität und Effektivität anzusiedeln. Bei der Frage, wer bei einem Organisationsablauf wann usw. beteiligt ist, ist fast immer auch eine Frage von Prestige bzw. Handhabung von Organisationsmacht. Mit den Betroffenen wird man also gerade an diesen Punkten Überzeugungsarbeit leisten müssen, wenn die Lösungsvorschläge nicht zu Makulatur verkommen sollen.

Dabei ist es wichtig, nachvollziehbar zu machen, daß jedes Wegnehmen von Beteiligung an bestimmten Arbeitsschritten Kräfte freisetzt.

Der Mitarbeiter kann sie in Aufgabenbereiche investieren, durch die er mindestens gleichrangige Anerkennung findet.

Die Erarbeitung neuer SOLL-Ablaufstrukturen in einer Organisation kann auch erheblichen Einfluß auf die Stellenbeschreibungen (z.B. Aufgaben und Kompetenzen) der einzelnen Mitarbeiter haben.

7.5 Die Informationsstruktur der Organisation

7.5.1 Einführung

Ein weiterer, besonders wichtiger und zugleich recht komplizierter Bereich in Organisationen ist der der Information. „Wissen ist Macht" – diese Behauptung ist auch hier schlecht zu widerlegen. Ist doch Wissen nichts anderes als innerlich verarbeitete Information. Darum gilt für jeden Mitarbeiter in der Organisation: Je weniger er an Information erhält, desto geringer sind seine Möglichkeiten zum Wissenserwerb, desto weniger kann er Teilhaber an der Macht in der Organisation sein. Und umgekehrt: Je mehr Informationen er erhält, desto mehr Wissen kann er erwerben, desto eher kann er an den Machtverhältnissen in der Organisation teilhaben.

Auch für soziale Organisationen verkomplizieren sich heutzutage solche im Grundsatz richtigen Aussagen schon deshalb, weil täglich eine Unzahl quantitativer und qualitativer Informationen erzeugt wird, die vom einzelnen Mitarbeiter weder gespeichert noch verarbeitet werden können. Hieraus leitet sich das Problem der Informationsauswahl und -verteilung ab. Auf der einen Seite ist der einzelne Mitarbeiter als qualifizierter Spezialist gefordert, auf der anderen Seite soll er die Ganzheitlichkeit der Organisation genauso im Auge haben wie die Gesamtheit der Klientenpersönlichkeit.

Durch unterschiedliche Qualität und Quantität der Informationsverteilung kann die Machtstruktur in einer Organisation sowohl zugunsten der Zielerreichung und der Klientel als auch zur Erhaltung von Machtgleichgewicht bzw. -verschiebung gesteuert werden. Eine entsprechende Organisationslenkung kann beispielsweise (um nur eines der vielen generellen Probleme zu nennen) Mitarbeiter, die in der Aufbaustruktur „oben" angesiedelt sind, fast völlig isolieren und, was noch schlimmer ist, durch gezielte Desinformation „umnebeln", so daß ihre formale Machtposition zu einer realen Ohnmachtsposition wird.

Gerade wenn man davon ausgeht, daß die Informationsstruktur sich nicht optimal regeln läßt, muß man in diesem Bereich einer Organisation besonders um Mitarbeiterbeteiligung, Transparenz und Nachvollziehbarkeit bemüht sein, um die größtmögliche Zielerreichung der Organisation zu unterstützen.[14]

Ein *Beispiel* aus unserer Praxis mag unsere einleitenden Aussagen über die Informationsproblematik in Organisationen verdeutlichen:

Ihrer Ausbildung nach befähigte Experten sind in einem Justizministerium für das Referat „Sicherheit in den Vollzugsanstalten" zuständig. In diesem Bundesland gibt es eine Vollzugsanstalt, der eine besonders hohe Sicherheitsstufe zuerkannt wird. Die Experten im Ministerium haben nun das an „Sicherheit" zu planen und durchzusetzen,

- was dem Justizminister und dem zuständigen Parlament wohl für den Ernstfall als hinreichende Sicherheitsvorkehrung erscheint und
- was sie – die Experten – selber für Sicherheit halten. Nur verselbständigt sich bei ihnen Sicherheit „naturgemäß" zu einem technologischen Problem!

Die Mehrheit der Parlamentsmitglieder, der Minister und seine Sicherheitsexperten haben von Anstaltswirklichkeit soviel Ahnung wie ein Blinder von der Farbe. Ganz abgesehen davon wird in diesem Falle der Sicherheitskomplex völlig von der Zielerreichung des Strafvollzuges (gemäß § 2 StVollzG) abgekoppelt. Also: Die Sicherheitsexperten „befragen" neben dem Anstaltsleiter auch ausgesuchte Mitarbeiter der Organisation wegen der durchzuführenden Sicherheitsgestaltung – natürlich unter dem Siegel „strengster Vertraulichkeit"; denn nach der Vorstellung

[14] Vgl. W. Hill/u. a.: Organisationslehre. UTB Bern/Stuttgart 1981, S. 553 ff.

von Fachleuten kann „Sicherheit“ nur unter „strengster Vertraulichkeit“ gewährleistet sein.

Die ausgesuchten und befragten Anstaltsmitarbeiter bekommen glühende Backen, wenn ihnen das hervorragend geplante technologische und elektronische Sicherheitssystem für „ihre“ Anstalt erläutert wird. Erfahren sie gar noch die – vom Steuerzahler aufzubringende – Kostenhöhe, verschlägt es ihnen vollends die Sprache: Soviel ökonomische Anerkennung haben sie ja noch nie erhalten! Das Konzept wird also verwirklicht. Um zu erklären, wo „der Hase im Pfeffer liegt“ (= Informationsproblem), brauchen wir nur ein ganz kleines Detail der Planung und Ausführung zu verraten:

Um die Vollzugsanstalt entsteht eine riesenhohe Mauer. Sollte diese auf wundersame Weise von Häftlingsakrobaten erstiegen werden, dann sollen sie erfahren, daß all ihre List und Mühe umsonst war, sind doch über der Mauer – ganz fachmännisch ausgeklügelt – Schwachstromdrähte gespannt, die bei Berührung Alarm auslösen, der die Einsatzgruppe tätig werden läßt. Freilich haben die Experten nicht bedacht, daß es dummerweise in der Gegend der betreffenden Anstalt nicht nur leichtgewichtige Spatzen und Meisen gibt – auf deren Berührung die „Alarmanlage“ nicht reagiert –, sondern Mengen an schwergewichtigen Tauben, die ihrerseits die Drähte als herrliche Ruhe- und Aussichtsplätze benützen und zugleich damit die Alarmanlage in Betrieb setzen. Verständlicherweise macht die Einsatzgruppe dieses Possenspiel drei Tage zur Belustigung der Häftlinge mit, dann wird die Anlage abgeschaltet.

Und was „denen da oben“ gilt, das nehmen „die da unten“ auch für sich in Anspruch: sie machen das ebenfalls als „top-secret“; denn was ist Sicherheit schon ohne Geheimhaltung!

Dies Beispiel braucht nicht weiter kommentiert zu werden. Es zeigt hinreichend, daß einseitige oder gar tabuisierte Information im Regelfall zum Gegenteil dessen führt, was tatsächlich erreicht werden soll.

Welche Informationsstrukturen gibt es nun in Organisationen? Im wesentlichen unterscheiden wir *informelle* und *formelle* Strukturen.

7.5.2 Informelle Informationsstrukturen in Organisationen

Zunächst gilt der Tendenz nach: Je weniger geregelte, formalisierte Informationsstruktur in einer Organisation angelegt ist, desto stärker muß sich die informelle Information entwickeln. Informelle Information gibt es in jeder Organisation; sie ist notwendig, weil zwischenmenschlicher Austausch eine wichtige Quelle für die Wohlbefindlichkeit am Arbeitsplatz sein kann. Informelle Information ist aber auch nötig, weil bei der vorhandenen Informationskomplexität nicht alle Informationsflüsse geregelt sein können.

Man kommt aber nicht um die Tatsache herum, daß informelle Informationen der Sache nach kaum überprüfbar und damit oft nicht nachvollziehbar sind. Ohne den Anspruch auf Vollständigkeit zu erheben, sollen nachstehend einige informelle Informationsquellen und -wege in Organisationen beschrieben werden, die vor allem auch für soziale Organisationen von Bedeutung sind.

Die „vertrauliche" Mitteilung

Eine gängige Informationsweise in Organisationen erfolgt unter dem Motto „Im Vertrauen gesagt" oder „Ganz vertraulich". Die Information kann „unter Kollegen oben" laufen, von „oben" nach „unten" und umgekehrt. Der Informationsgeber gibt etwas Bestimmtes weiter – ohne das Risiko, Quelle und Urheber zu nennen –, indem er den „Informierten" moralisch zur Verschwiegenheit verpflichtet und ihm damit zugleich seine scheinbare Vertrauensverbundenheit mitteilt. Im Regelfall fühlt sich der so Informierte geehrt und mit einem Stückchen zusätzlicher Macht versehen. Zum anderen erfaßt ihn häufig der Drang, die zuteil gewordene Wertschätzung seinerseits an andere ausgesuchte Personen weiterzugeben. Es kann ein regelrechtes „Lauffeuer" entstehen. Ein gewitzter Bürgermeister aus einer deutschen Provinzstadt sagte uns einmal: „Wenn ich die Gewißheit haben will, daß eine Information ganz schnell in allen Gemeinderatsfraktionen die Runde macht, dann gebe ich sie als ‚streng vertraulich' in irgendeine Ausschußsitzung!"

Die Gefahr der „vertraulichen" Mitteilung liegt unter anderem in ihrer möglichen Willkürlichkeit und in ihrer Unkontrollierbarkeit.

Cliqueninformationen

Von einer bestimmten Größe an besteht in Organisationen immer die Möglichkeit der Cliquenbildung, die häufig auf gemeinsamen Sympathien beruht. Je nach Bedürfnislage können solche Cliquen ihre eigenen Informationssysteme entwickeln. Die offiziellen Informationsflüsse in der Organisation werden durch solche Systeme häufig genug nicht nur ergänzt, sondern auch interpretiert.

In einer offiziellen Organisationsinformation heißt es beispielsweise: „Aus Gründen der Kostensenkung ist ab sofort jedes geführte Ferngespräch dem Vorgesetzten schriftlich zu begründen." Die Cliqueninformation ergänzt und interpretiert: Das sei doch eine erhebliche Mehrbelastung für die Mitarbeiter. Das bedeute doch keine Kostensenkung, sondern das Gegenteil. In Wirklichkeit wolle die Organisationsleitung die Mitarbeiter doch nur noch mehr unter ihre Kontrolle bringen.

Solche Reaktionen in Cliquen können aber auch durchaus ihre positive Bedeutung für die Organisation haben, z. B. als:

- Funktionen notwendiger psycho-sozialer „Entladung“ unter Menschen, die gut miteinander können;
- Indikatoren für Stimmung in der Organisation und damit verwendbar als positive Korrekturen für Leitungsmethoden und eigenes Leistungsverhalten für die Leitungskräfte.

Die Interesseninformation

In Organisationen können sich auch unterschiedliche Interessengruppen bilden. Bei ihrem Informationswesen liegt auf der Hand, daß sie die Informationen, die tatsächlich oder vermeintlich den Interessen dienen, „aufbauschen“ und jene, die jenseits der gemeinsamen Interessenpositionen angesiedelt sind, schlicht ignorieren. Informationssperrungen können sich also einseitig auswirken und sich den gemeinsamen Zielsetzungen der Organisation in den Weg stellen.

Das Gerücht

Das Gerücht wird in Organisationen als Information dann besonders real, wenn – aus welchen Gründen auch immer – Mitarbeiter sich persönlich wie beruflich verunsichert fühlen. Natürlich spielt bisweilen auch Sensationslust eine Rolle. „Haben Sie schon gehört ...“ ist die gängige Einleitung. Im Gerücht mischt sich Realität mit Wunsch oder Angst, Berufliches mit Persönlichem. Die Erfahrung zeigt, daß Gerüchte eine ungeheure Macht haben, weil der einzelne sich nicht wehren kann. Die „Information“ des Gerüchtes baut auf „Nebel“, sie macht Offenlegung, Transparenz und damit Kontrollierbarkeit innerhalb der Organisation unmöglich.

Die gezielte Desinformation

Die gezielte Desinformation ist bisweilen auch ein Mittel der informellen Information. Meist geht es bei der Desinformation darum, wesentliche Fakten nicht weiterzugeben, dafür aber mit einer Fülle unwichtiger Informationen (die alle Tatsachen sind) die Mitarbeiter in einer Organisation zu überschütten. Auch die gezielte Desinformation kann sowohl von „oben“ nach „unten“ als auch umgekehrt laufen. Nicht selten werden beide Wege eingeschlagen – im Sinne der Reaktion (wie du mir, so ich dir). Bei dieser Methode geht es oft um nicht ausgesprochene Macht- und damit um Positionskämpfe oder um den Versuch, die Organisationsziele zu verändern, ohne daß dies miteinander offen ausgehandelt werden soll. In jedem Fall wird durch gezielte Desinformation die Zielerreichung der Organisation in gefährlicher Weise in Frage gestellt.

Die „Hintergrund"-Information

Die „Hintergrund"-Information kann ihre besondere Qualität dadurch bekommen, daß sie Ursachen benennt, die zu bestimmten Tatsachen geführt haben (können).

Ein *Beispiel:*

Der Kollege Maier sagt zum Kollegen Schmid: „Ich beobachte seit Monaten, daß Herr Schulz nicht mehr die Arbeitsleistung erbringt wie früher."

Schmid antwortet: „Ja, aber wissen Sie denn nicht, daß Frau Schulz seit 4 Monaten wegen eines Gelenkschadens bettlägerig ist und daß sein Bruder einen schweren Autounfall hatte? Außerdem muß Schulz seit 2 Monaten einen Teil des unbesetzten Referates X mit bearbeiten."

Dies Beispiel zeigt, wie durch Hintergrund-Informationen einer unverständlichen Tatsache verstehbare Nachvollziehbarkeit hinzugefügt werden kann. Natürlich ist auch hier wieder – da ja informell – negatives Beeinflussen nicht auszuschließen:

Schmid sagt zu Maier:

„Der Schulz macht aber in letzter Zeit häufig Dienstreisen nach Berlin!"

Maier antwortet: „Wissen Sie denn nicht, daß der dort eine Braut sitzen hat? Da ist doch klar, daß der sich ständig dienstliche Gründe einfallen läßt."

Nur wenn Schmid den Mitarbeiter Schulz aufgrund der erhaltenen Information „stellt", kann diese Information einer positiven Abklärung dienen. Geschieht das nicht, dann dient jene Information der Vergiftung der Arbeitsatmosphäre.

Einzelinformation statt Gruppeninformation

Der Gruppenleiter hat bestimmte, von ihm für wichtig erachtete Informationen an die Sachbearbeiter weiterzuleiten. Er tut dies nicht in der wöchentlich stattfindenden Arbeitsgruppenkonferenz, sondern er leitet die Informationen den einzelnen Mitarbeitern gesondert zu. Auf diese Weise kann er die Informationen auf die jeweilige Individualität „maßschneidern" – und dies kann durchaus seine Vorzüge haben. Er kann die Einzelinformation aber auch dazu mißbrauchen, einer gefürchteten Gruppendiskussion oder gar -konfrontation aus dem Wege zu gehen, indem er durch die gezielte Einzelinformation den oder die einzelnen Mitarbeiter auf seine Seite zu bringen versucht. Er läßt sie scheinbar an seiner Position teilhaben.

In der Organisationsrealität lassen sich die auszugsweise genannten Informationsarten nicht klar voneinander trennen, sie verschwimmen ineinander, sind Gemisch von so manchem. Generell muß angemerkt werden, daß – bei aller Notwendigkeit – das Problem der informellen Information darin liegt, daß der Informationssender nicht bekannt gibt, warum er wem gerade jetzt die Nachricht gibt, daß der Informationsempfänger die erhaltene Nachricht auf seine Weise interpretieren und als eine neue Information möglicherweise weitervermitteln kann. Kurz: Informelle Information ist weithin der Tatsachenkontrolle entzogen – und vielleicht deshalb hier und da so besonders beliebt.

7.5.3 Formelle Informationsstruktur in Organisationen

Es ist bereits dargelegt, daß uns der Aufbau einer formellen Informationsstruktur für mittlere (etwa ab 15 Mitarbeitern) und große Organisationen wichtig erscheint, vor allem aus folgenden Gründen:

- damit der einzelne Mitarbeiter ständig, für ihn und andere nachprüfbar, jene Informationen erhält, die die Voraussetzung zur Erfüllung seiner Aufgaben und zu seiner Kompetenzwahrnehmung (siehe Arbeitsplatzbeschreibung) sind;
- damit der einzelne Mitarbeiter erfährt, welche Zusammenhänge zwischen den Zielen seiner Stelle und den Zielen der Organisation im Berufsalltag bestehen und mit beachtet werden müssen;
- damit der einzelne Mitarbeiter davon entlastet wird, wie ein Detektiv jeder notwendigen Information nachzugehen, damit er sich also umso intensiver um die eigentliche Aufgabendurchführung bemühen kann.

Gerade in Organisationen der sozialen Arbeit wird es immer einen Informationsbedarf geben, der durch keine noch so gute Informationsstruktur abgedeckt wird. Der einzelne Mitarbeiter wird in der Regel Probleme genug haben, um an bestimmte, nicht zu formalisierende Informationen komplexer oder auch sehr detaillierter Art zu gelangen.

Im folgenden soll deshalb beschrieben werden, in welchen Schritten man in einer Organisation zum Aufbau einer formellen Informationsstruktur kommen kann.

- In einem ersten Schritt müssen *alle* Mitarbeiter der Organisation die Zielsetzung, die Bedingungen und die möglichen Mittel erfahren, die eine sinnvolle Informationsstruktur für die eigene Organisation möglich machen. Dieses Thema ist eingehend, mit allem denkbaren Argumenten „Pro und Contra“ auszudiskutieren. Erst wenn die überwiegende Mehrheit der Mitarbeiter von der Einführung einer formellen Informationsstruktur überzeugt ist, ist es sinnvoll, gemeinsam an ihre Erarbeitung zu gehen.
- Im nächsten Schritt wird jeder Mitarbeiter gebeten, sich – anhand der eigenen Stellenbeschreibung – zu überlegen,

- welche aufgaben- und kompetenzbezogenen Informationen er braucht,
- wie oft er sie benötigt (täglich, wöchentlich, monatlich, halbjährlich, jährlich),
- auf welchem Wege er die Informationen erhalten kann.

• In Kleingruppen besprechen die Mitarbeiter sodann ihre Arbeitsergebnisse. Diese Kleingruppen sollten zweckmäßigerweise im Sinne von gegenseitiger Arbeitsplatznähe bzw. -abhängigkeit zusammenarbeiten. Es ist zu klären:
- Wo hat der einzelne Mitarbeiter möglicherweise zu große Gewichtungen gesetzt?
- Wo hat der einzelne Mitarbeiter im Blick auf sein Arbeitsfeld möglicherweise „weiße Flecken". Was muß also ergänzt werden?
- Welche gemeinsamen Informationsquellen sind wie zu gestalten und zu nutzen?

• Jede Kleingruppe wählt nun einen Kollegen aus ihrer Mitte, der ihr Arbeitsergebnis in eine Gruppe der Gesamtorganisation einbringt, in der Vertreter aller Kleingruppen die Ergebnisse vorstellen und wiederum gemeinsam durcharbeiten müssen. Anschließend wird gemeinsam ein inhaltliches und methodisches Konzept für die Informationsstruktur der Organisation entwickelt.[15]

• Die Zusammenstellung des Informationsbedarfs kann so erfolgen, daß zunächst die benötigten Informationsinhalte und ihre Übermittlungsweisen zusammengefaßt werden. Die Informationen sind dann zu trennen nach
- organisationsintern und
- organisationsextern.

Diese beiden Bereiche sind weiter zu untergliedern, so daß eine Zuordnung der vielen gewünschten Einzelinformationen möglich wird. Schließlich ist für jede Information zu erarbeiten:
Wer gibt die Information?
Wer erhält die Information?
Worüber soll informiert werden?
Wozu soll informiert werden?
Wie (Mittel) soll informiert werden?
(Bis) wann soll informiert werden?
Aus diesen Fragen können entsprechende Informationsraster erarbeitet werden, deren Grundform man sich wie folgt vorzustellen hätte:
Ein derartiger Grundraster kann so gegliedert und aufgearbeitet werden (z.B. durch verschiedene Farben), daß in einem Raster viele Ein-

[15] Vgl. P. Ulrich/E. Fluri: Management. UTB Bern/Stuttgart 1978, S. 156.

zelinformationsflüsse erfaßt sind. Die Darstellung solcher formeller Informationsstruktur ist im wesentlichen kein formales, sondern – wie schon angedeutet – ein *inhaltliches Problem.* Bei der heutzutage herr-

Abbildung 12: Grundraster für eine formelle Informationsstruktur

(Organigramm mit Zahlen) stilisierter Zielstufenplan

Intern:	Wer	Wem	Was	Wozu	Wie	Wann
Finanzen	1	6	Etat	Gesamt-informa-tionen	a + b a = c b = d	15.1.
Verwaltungsabläufe						
Entscheidungsstruktur						
Beratungsformen						
Zuarbeiten						
Fachliche Informationen						
Rechtsinformationen						
Personalinformationen						
Planungsinformationen						
Umstellungsinformationen						
Extern:						
Zeitungen						
Zeitschriften, Bücher						
Gesetze, Verordnungen						
Zuschüsse						
Kooperation						
Koordination						

Schlüssel: Wer: 1 2 3 4 ...... 25 Wie: mündlich a ganz c
Wem: 1 2 3 4 ...... 25 schriftlich b auszugsweise d

Abbildung 12 a:

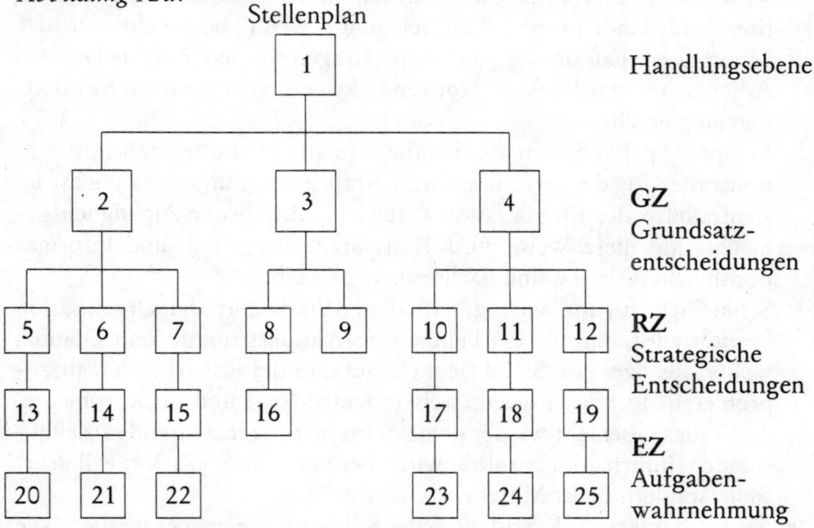

schenden Informationsfülle ist in jedem Einzelfall zu überprüfen, welche Information für die Aufgabenerfüllung des Stelleninhabers X *notwendig,* welche Information überflüssig, d.h. für die Aufgabenerfüllung bedeutungslos ist. Den zweifellos vorhandenen Schwierigkeiten beim Aufbau der Informationsstruktur einer Organisation kann man mit der Rasterdarstellung gut begegnen.

Unbedingt notwendige Information – überflüssige Information – manipulative Information: dieses zielorientiert auszusortieren wird man nur einigermaßen meistern, indem man mit *allen* Beteiligten (den das Entscheidungsgremium stellenden Vertretern der Kleingruppen) diskutiert und zu einer gemeinsamen Entscheidung kommt. Aber man wird bei der Erstellung der Informationsstruktur auch fragen müssen, welche zusätzlichen Informationen benötigt X, um zu optimaler Aufgabenerfüllung zu kommen. Bekanntlich gibt es in jeder Organisation den mehr informationsoffenen („unersättlichen") Mitarbeiter und den mehr informationsgesperrten („Bloß nichts Neues!") Mitarbeiter. Auch in dieser „Zwickmühle" kann die Anlage eines Rasters helfen, die richtigen formellen Informationen an die richtigen Mitarbeiter zu leiten.

- Die Rückkoppelung

Die nach gemeinsamer Diskussion und Entscheidung entstandenen Informationsraster müssen in jedem Falle an die einzelnen Mitarbeiter mit dem Auftrag der Durchsicht, der möglichen Korrektur und Ergänzung zurückgegeben werden. Formalisierte Informationsflüsse bewirken erst dann Organisationsdynamik, bessere Mitarbeitermotivation und eindeutigere Zielerreichung, wenn sie auch von der Mitarbeiterschaft der Organisation getragen werden. Auch bei diesem Arbeitsschritt wird sich die Notwendigkeit der gemeinsamen Konfliktregelung ergeben.

- In einem letzten Schritt werden die gemeinsam erarbeiteten Informationsraster für die Organisation in Kraft gesetzt und – möglichst im Zentralbüro der Organisation – für alle Mitarbeiter zugänglich gemacht. Auf diese Weise wird Transparenz hergestellt und Informationsmacht begrenzt und nachprüfbar gemacht.
  Schließlich ist ganz wichtig, daß allen Mitarbeitern der Organisation bewußt wird, daß die erarbeitete Informationsstruktur kein Dogma, nichts „Heiliges" ist. Sie ist vielmehr auf ihre Brauchbarkeit hin auszuprobieren, fortzuschreiben, weiterzuentwickeln und zu korrigieren. Auch dies geschieht wieder gemeinsam in zu vereinbarenden Zeitabständen. Informationsstruktur wird also nicht um ihrer selbst willen erstellt, sondern sie ist Mittel zur Zielerreichung.
- An drei konkreten Praxisbeispielen soll bewußt gemacht werden, wie wichtig und wie problembezogen die Erstellung von Informationsstrukturen in Organisationen sein kann:
  Beispiel 1: In einer Organisation herrscht seit langem ein Streit über folgende Punkte: Wer öffnet die eingehende Post? Wer liest sie? Wer verteilt sie? Wie ist das mit persönlich adressierter Post oder mit solcher „z. Hd. von . . ."?
  Diese Fragen werden in der Organisation immer wieder auftauchen, solange in ihr weitgehend nur informelle Informationsstrukturen – und damit auch Willkür, vielleicht sogar Chaos und latentes Mißtrauen – herrschen.
  Durch eine formelle Informationsstruktur ließe sich das Problem schon deshalb befriedigender lösen, weil einem Empfänger ein persönlich adressierter Brief ausgehändigt werden könnte, so daß eindeutig private Inhalte direkt an ihn gelangten und dort verblieben. Der Betreffende wäre verpflichtet, ihm zugehende dienstliche Informationen an die jeweils zuständigen Mitarbeiter der Organisation weiterzuleiten, und es wäre für andere Mitarbeiter verpflichtend, ihm derartige Informationen zukommen zu lassen.
  Beispiel 2: Der Referent für „praktische Vollzugsgestaltung" in einem Justizministerium erbittet monatlich Informationen über rechtliche Landesvorschriften, die das im „§ 2 StVollzG definierte Vollzugsziel verändern bzw. in Frage stellen".
  Mit diesem Mitarbeiter muß darüber gesprochen werden, daß er durch seine Informationsdefinition den Informationssender in die

Lage bringt, ihm nur wertorientierte, gefilterte und damit manipulative Informationen zu überlassen. Es hieße „Kompetenzverlagerung" vornehmen, wenn der Informationsverteiler fachlich darüber befände, was „verändert" bzw. „in Frage stellt"! Es wäre also zu klären, ob es nicht vielmehr um die Mitteilung aller rechtlichen Landesvorschriften gehen müßte, die den § 2 des StVollzG betreffen. Es obläge dann der fachlichen Kompetenz des Mitarbeiters, die entsprechende Bewertungsauswahl zu treffen.

Beispiel 3: Der Abteilungsleiter einer Jugendhilfeeinrichtung erhält jährlich einmal die Jahresabrechnung seiner Abteilung. Aus dieser geht in den letzten Jahren hervor, daß die Abteilung zunehmend in die „roten Zahlen" gerät. Der Mitarbeiter kann sich dies – aus verschiedenen Gründen – nicht erklären. Er kommt zu der Einsicht, daß die Abteilungsabrechnung im Zusammenhang mit der Gesamtbilanz der Einrichtung gesehen werden muß. Er bittet deshalb um entsprechende Information, die ihm auch von der Leitung der Einrichtung gewährt wird. Der Mitarbeiter stellt aber fest, daß das Nebeneinanderlegen beider Informationen für ihn immer noch keine Erhellung bringt.

In diesem Fall ginge es demnach darum, die Buchhaltung der Einrichtung zu veranlassen, Zusatzinformationen anzuliefern, die es auch einem Nichtfachmann in Finanzfragen ermöglichen, die Zusammenhänge zwischen Detail und Gesamt verstehend zu erkennen und daraus praxisbezogene Schlüsse zu ziehen. Welche Information *wie* dem Abteilungsleiter zu übermitteln wäre, das wäre problemorientiert gemeinsam von ihm, dem Leiter der Organisation und dem Leiter der Buchhaltung zu erarbeiten.

1. Der Aufbau der formellen Informationsstruktur in einer Organisation dient – wenn er unter Beteiligung aller Betroffenen geschieht – der Machtkontrolle, insoweit Information eben auch Macht ist.
2. Er dient – unter gleicher Bedingung – der Informationskontrolle, und zwar nicht nur von „oben" nach „unten", sondern auch von „unten" nach „oben" und auf gleicher Ebene einer Hierarchie.
3. Die formelle Informationsstruktur versucht nicht, Information (zu) minimiert oder in „Appetithäppchen" aufzuteilen.
4. Die formelle Informationsstruktur unterrichtet den einzelnen Mitarbeiter entsprechend seiner Aufgabenerfüllung und Kompetenzausübung so gut wie möglich.
5. Es ist wesentlich, daß die informelle Informationsstruktur das Gleichgewicht zwischen den fachspezifischen Notwendigkeiten des einzelnen Mitarbeiters und den Zielen der Gesamtorganisation bewahrt.
6. Die kritische Erarbeitung von Informationsinhalten und den dazu gehörenden Mitteln in Kleingruppen ist nötig, um Informationslücken

oder -überangebote für den einzelnen Arbeitsplatzinhaber zu vermeiden.
7. Die formelle Informationsstruktur kann die Organisationstransparenz und dadurch die einzelne Mitarbeitereffektivität stärken helfen, wenn sie während der Dienstzeit an zentraler Stelle jedem Mitarbeiter zugänglich und einsichtig ist.

7.6 Die Stellenbeschreibung

Die Stellenbeschreibung wird in der Industrie auch Arbeitsplatzbeschreibung genannt. Beide Begriffe beziehen sich also auf den gleichen Inhalt.

Die Stellenbeschreibung ist ein wichtiges methodisches Mittel, die Struktur einer Organisation offenzulegen. Bei der bildlichen Darstellung der Aufbaustruktur im Organigramm (s. Seite 79 ff.) wurde bereits deutlich: der kleinste Bestandteil der Organisation ist der Arbeitsplatz, die Stelle. Die Stellenbeschreibung regelt die Ziele, die Aufgaben, die Kompetenzen und die Einordnung der Stelle in die Aufbauorganisation. Die Stellenbeschreibung ist eine offizielle Angelegenheit.

Ändert sich etwas in einer Stellenbeschreibung, in der Zielsetzung, in der Aufgabenstellung oder auch bei den Kompetenzen, so hat das einen Einfluß auf andere Stellen, bei denen dann auch etwas verändert werden muß. Ändert sich die Zielsetzung einer Organisation, so hat das verändernde Auswirkungen auf alle Stellenbeschreibungen in der Organisation. Eine Strukturveränderung hat Konsequenzen für jeden einzelnen, wie andererseits die Veränderung eines Arbeitsplatzes dazu führen kann, daß eine Strukturveränderung im Sinne einer Entwicklung der Organisation eingeleitet wird. Ob diese Entwicklung nun eine restaurative, konservative oder progressive Komponente beinhaltet, ob es zur echten Weiterentwicklung oder zur Verkrustung führt, muß jeweils an den Fragen:
– „Was wollen wir erreichen?“ (Ziele)
– „Wie können unsere Ziele am besten verwirklicht werden?“
überprüft werden.

Eine Stellenbeschreibung hat für viele den Charakter eines hoheitlichen Aktes. Der Vorgesetzte beschreibt dem Nachgeordneten, was er zu tun hat, d.h. seinen Arbeitsplatz. Andere sehen in der Stellenbeschreibung die Möglichkeit, durch Konsensfindung im Hinblick auf eine zielorientierte Arbeit unter höchstmöglicher Berücksichtigung des Wissens und Könnens des einzelnen eine bessere oder optimale Zusammenarbeit zu begründen.

Beispiel: Zu beschreiben ist die Stelle E 1, also die Stelle des Ersten Gruppenerziehers einer Heimgruppe.

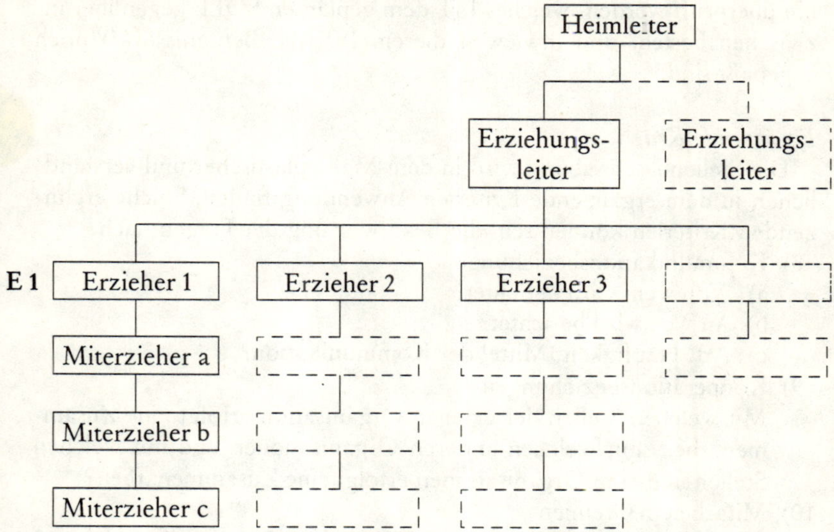

Zu beteiligen sind an der Stellenbeschreibung:
- die Miterzieher in der Gruppe,
- die ersten Gruppenerzieher der anderen Gruppen,
- die Erziehungsleiter und
- der Heimleiter.

Innerhalb dieses Gremiums sind die Ziele und Inhalte (Aufgaben) zu differenzieren, die sich in etwa aus den Zielen der Organisation für die einzelne Stelle ableiten.

Die Beschreibung der Stelle erfolgt anhand eines Kriterienkatalogs.

7.6.1 Kriterien der Stellenbeschreibung

Mindestkriterien:

1) Stellenbeschreibung,
2) Unterstellung,
3) Überstellung,
4) Stellvertretung,
   a) aktiv,
   b) passiv,
5) Ziele der Stelle,
6) Aufgaben im einzelnen,
7) Befugnisse.

Die Ausfüllung dieses Kriterienkatalogs ist keine einmalige Angelegenheit. Mindestens die Punkte 5–6 müssen jedes Jahr einmal daraufhin überprüft werden, welches IST dem geplanten SOLL gegenüber inzwischen besteht und inwieweit diesem IST die Befugnisse (7) noch angepaßt sind.[16]

Ergänzende Kriterien:

Die Stellenbeschreibung wird in dem Maße plastischer und verständlicher, in dem ergänzende Kriterien Anwendung finden. Solche ergänzenden Kriterien können sein die Beantwortung der Fragen nach:

8) Kommunikationsbeziehungen
   a) Von wem wird berichtet?
   b) An wen wird berichtet?
   c) Art, Häufigkeit, Mittel der Kommunikation?
9) Kooperationsbeziehungen
   Mit welchen Stellen der eigenen Organisation erfolgt eine Zusammenarbeit, mit welchen anderen Organisationen und mit welchen Stellen in diesen Organisationen erfolgt eine Zusammenarbeit?
10) Mitarbeit in Gremien
   a) Erfolgt eine problemlösende Mitarbeit in Gremien (in welchen)?
   b) Wird eine Entscheidungstätigkeit in Gremien ausgeübt?

In welcher Reihenfolge die Kriterien anzuwenden sind, ob der Kriterienkatalog auszuweiten oder zu ergänzen ist, wie im Einzelfall – etwa durch Errechnung der sich aus den Aufgaben ergebenden Arbeitszeiten – vorgegangen werden muß, ist abhängig von den Zielen einer jeden Stellenbeschreibung und im Hinblick auf diese zu entscheiden.

Ergänzend zur Stellenbeschreibung kann es – vor allem für leitende und führende Stellen – ein sogenanntes *Anforderungsprofil* geben. In ihm können die Anforderungen an:
- die Ausbildung,
- die Fort- und Weiterbildung,
- Praxiserfahrungen,
- wissenschaftliche Qualifikationen,
- Mindest-, Höchstalter usw.

beschrieben sein.

Im Gegensatz zur Stellenbeschreibung ist das Stellenprofil nichtöffentlich.

[16] Vgl. P. Ulrich/E. Fluri: Management. UTB Bern/Stuttgart 1978, S. 180ff.

7.6.2 Das Vorgehen bei der Stellenbeschreibung

Wie geht man bei einer Stellenbeschreibung vor?

- Man klärt den Anlaß der Stellenbeschreibung.
  Anlaß der Stellenbeschreibung kann eine Zielplanung, eine Abweichungs- oder Planungsanalyse aufgrund von organisatorischen Schwierigkeiten und deren IST-Aufnahme sein.
- Man bestimmt die Ziele der Stellenbeschreibung.
- Man bestimmt und definiert die Kriterien für die Stellenbeschreibung.
- Man legt einen Durchführungs- und Zeitplan der zu beteiligenden Mitarbeiter und den Grad der Partizipation derselben bei der Stellenbeschreibung fest.
- Man stellt eine Problemanalyse zur Stellenbeschreibung auf.
  - Der Beginn der Stellenbeschreibung kann die Beschreibung des SOLL-Zustandes des Arbeitsplatzes sein.
    Wenn noch keine Stellenbeschreibung vorhanden ist, aber eine fiktive Strukturorganisation mit differenziertem Organigramm und ein differenziertes Zielsystem existieren, kann man mit dem SOLL-Zustand beginnen und anschließend den IST-Zustand und die Diskrepanz erfassen, wobei die Kriterien als Dimensionen für die Beschreibung des Problems dienen.
    Mit dem SOLL-Zustand wird man vor allem dann beginnen, wenn man einen neuen Organisationsbereich oder eine ganz neue Organisation aufbaut.
  - Der Beginn der Stellenbeschreibung kann aber auch mit der Erfassung des IST-Zustandes erfolgen.
    Man wird mit dem IST-Zustand beginnen, wenn eine Organisation mit Mitarbeitern, die schon jahrelang Aufgaben ausüben, vorhanden ist.

Aufnahme des IST-Zustandes

Um den IST-Zustand möglichst praxisnah zu erfassen, kann man z. B. nach Art der Selbstbeobachtung/-beschreibung vorgehen: Der Stelleninhaber wird gebeten, während eines Monats an drei von ihm als typisch angesehenen Arbeitstagen eine Beschreibung anzufertigen, die von Stunde zu Stunde die Tätigkeiten des jeweiligen Tages nach Ziel, Inhalt, Aufgaben, Routinetätigkeiten und besonderen Belastungen festhält. Wichtig ist dabei, daß diese Auflistung so exakt erfolgt, daß aus der Zusammenfassung der Notierungen die praktisch verfolgten Ziele, Inhalte und Aufgaben des Stelleninhabers tatsächlich erkennbar werden.

Bei der Aufnahme dieses IST-Zustandes kann man sich auch anderer Erhebungstechniken bedienen, wie z. B.:

– der mündlichen Befragung,
– der schriftlichen Befragung,
– der Beobachtung durch Fremde.

Konzipierung des SOLL-Zustandes
Die Festlegung des SOLL-Zustandes erfolgt durch die Projektgruppe. Sie wird den SOLL-Zustand von den Zielen und der Organisationsstruktur her bestimmen. Der auf diesem Wege bestimmte SOLL-Zustand muß den Erwartungen der Stelleninhaber gegenübergestellt werden. Der SOLL-Zustand kann aber auch von den Erwartungen der Mitarbeiter her festgelegt werden. Man kann auch beide Verfahrensweisen nutzen.
Welcher SOLL-Zustand letztlich für eine Stelle festgelegt wird, das dürfte mit davon abhängig sein, in welchem Umfang und in welcher Art sich die Mitarbeiter der Organisation an der Stellenbeschreibung beteiligen können. Allerdings sollte von seiten der Organisation in Form von Bewertungskriterien eine Orientierung für die „mitredenden" Mitarbeiter geboten werden, damit Konflikte und ständige Streitereien wegen des SOLL-Zustandes vermieden werden.

- Man führt die Stellenbeschreibung ein.
  Die Stellenbeschreibung, von der Projektgruppe in individueller Zusammenarbeit mit dem betroffenen Mitarbeiter durchgeführt, sollte endgültig von dem Betroffenen, von der Projektgruppe und von dem zuständigen Vorgesetzten verabschiedet werden.

Zwischen einer detaillierten, ausschließlich organisationszielorientierten Stellenbeschreibung und einer groben, flexiblen Stellenbeschreibung, die der Anpassung der Organisation an Veränderungen dient, ist der rechte Weg zu finden. Die Stellenbeschreibung muß einerseits so konkret und detailliert sein, daß sie überprüfbar und nachvollziehbar ist und mithin erkennen läßt, daß und in welchem Zusammenhang sie der Erreichung der Organisationsziele dient. Andererseits sollte sie so großzügig definiert sein, daß Flexibilität – vor allem in bezug auf sich rasch ändernde, soziale Problemsituationen – gewährleistet bleibt.

Durch eine genaue, durchsichtige Stellenbeschreibung, die neben einem klaren Rahmen die notwendigen Ziel- und personenorientierten Variablen zuläßt, wird Angst vor der grauen Eminenz „Organisation" abgebaut. Sie kann als die Summe von vielen einzelnen Arbeitsplätzen und als etwas Veränderbares begriffen werden. Strukturveränderung oder Weiterentwicklung einer Struktur hat immer auch etwas mit Arbeitsplatzveränderung bzw. Arbeitsplatzentwicklung zu tun. Mithin ist deutlich, daß gerade auch im sozialen Bereich Weiterentwicklung nur durch das intensive Zusammenwirken aller und die Veränderungsbereitschaft jedes einzelnen und des Ganzen der Organisation möglich wird.

Die abschließend folgenden Stellenbeschreibungen haben wir als Beispiel dafür ausgewählt, daß die hier aufgestellten Forderungen erfüllt werden können, wenn man mit der Bereitschaft zur Beteiligung der Betroffenen an die Stellenbeschreibung geht.

Rückfragen

Was ist eine Organisation?

Welche wesentlichen Strukturbereiche hat sie?

Welche Mindestkriterien müssen bei einer Stellenbeschreibung erfüllt sein?

Welche konkreten Abhängigkeiten bestehen zwischen den Strukturbereichen?

Durch welche Kriterien zeichnet sich die Ablaufstruktur aus?

Welche idealtypischen Aufbaustrukturen gibt es?

Beispiel: Arbeitsplatzbeschreibung für den Leiter der Justizvollzugsanstalt X und einen seiner Direktunterstellten, den Leiter des Aufsichtsdienstes der Anstalt:

Anstaltsleiter

Stellen-bezeichnung:	AL
Unterstellung:	Justizministerium (Minister und Jugendvollzug)
Überstellung:	Abteilungsleiter
Stellvertreter:	aktiv: nach Abrede passiv: Verwaltungsdienstleiter
Ziele:	Abschaffung des kasernierten Vollzugs; Übergehen zu einem System ambulanter *Hilfestellung* (Sozialtraining); Verminderung der Rückfälligkeit durch Erkennen der Ursachen abweichenden Verhaltens und durch Einstellen hierauf; nicht Behandlung der Symptome.
Aufgaben:	Koordinierung der verschiedenen Dienststellen; Herstellen des Informationsflusses zwischen den Diensten in Konferenzen: Dienstag = Erzieherkonferenz Mittwoch = Aufsichtsdienst-/Erzieher-Konferenz Donnerstag = Gesamtkonferenz mit leitenden Mitarbeitern aus Erziehungs-/Aufsichtsdienst Freitag = Zugangskonferenz; Interessenvertretung der Gefangenen; Beirat; Ad-hoc-Konferenz in „Krisensituationen" mit den tangierten Mitarbeitern; Besprechung in Gefangenengruppen (1 × mtl. 1½ Std.); täglich mindestens 3 Einzelgespräche (je 20 Min.); Entscheidung über Einzelanträge (Sonderinhaftierungen/Rücktransport in andere Anstalten); *Öffentlichkeitsarbeit* (Vorträge in den JVA/Presse); *Koordinierung der anderen Mitarbeiter/Zusatzarbeit im Personalrat;* Überarbeitung der Stellungnahmen zu Gesuchen/Zeugnisse/Berichte; Beschwerden/Durchsicht der eigenen Post/Erlasse; *Telefon usw.;* *Gespräche mit Bediensteten über Schwierigkeiten in der Zusammenarbeit.*
Kompetenzen:	Generalkompetenz innerhalb der Anstalt

Leiter des Aufsichtsdienstes

Stellen- bezeichnung:	ADL
Unterstellung:	Anstaltsleiter (AL)
Überstellung:	Gesamter Aufsichtsdienst
Stellvertreter:	aktiv: niemand passiv: ständiger Vertreter
Ziele:	Loyalität gegenüber dem Rahmenziel des AL; Betriebsklima in der Balance halten; Sicherheit und Ordnung bei Liberalität und Eingehen auf Einzelbedürfnisse.
Aufgaben:	Umsetzen von Richtlinien der Anstaltsleitung; Dienstplan für den Gesamtaufsichtsdienst, Werkaufsichtsdienst und Werkdienst; Gewährleistung von Sicherheit und Ordnung; Führung des Aufsichtsdienstes/Schulung innerhalb der Anstalt; Therapiegesichtspunkte an Aufsichtsdienst heranbringen; Krisenprävention durch Einzelgespräche mit Gefangenen und Bediensteten; Herstellen von Verständnis innerhalb des Aufsichtsdienstes und zwischen dem Aufsichtsdienst und den anderen Diensten (Krankenhaus/Sozial-Dienst); Vernehmungen/Hausstrafverfahren/Zustellungen; Kontrollgänge; Teilnahme an: Gesamtkonferenz (Donnerstag) Zugangskonferenz (Freitag) Kontaktperson zur Mitverantwortung (Interessenvertretung der Gefangenen); Teilnahme an Besprechungen mit anderen Mitarbeitern; Teilnahme an Ad-hoc-Konferenzen.
Kompetenzen:	Weisungsbefugnis gegenüber dem gesamten Aufsichtsdienst

8 Planen

8.1 Einführung in das Planen

Unter Planen versteht man das zielorientierte Vorgehen, um bestimmte neue Wirklichkeiten zu setzen.

Beispiel: Eine Sozialhilfeorganisation will stadtteilorientierte, ambulante Hilfen für psychisch Kranke betreiben.

Es tauchen folgende Fragen auf:

- Was soll mit dieser Arbeit erreicht werden? Wer ist an der Zielfindung zu beteiligen?
- Wieviel psychisch Kranke gibt es in den Stadtteilen?
- Welche Bedürfnisse haben diese Menschen, wie sind die Bedürfnisse zu ermitteln? Was ergibt sich daraus quantitativ und qualitativ an Mitarbeiterbedarf?
- Wie muß die Gesamtstruktur der Beratungsstellen aussehen, wie die jeder einzelnen Beratungsstelle?
- Welche Koordinations- und Kooperationsstrukturen sind zu schaffen?
- Welcher Raumbedarf ergibt sich?
- Welche Sachmittelaufwände werden notwendig?
- Wie sehen die Planungsschritte im einzelnen aus?
- Wer ist an welchem Planungsschritt wie zu beteiligen?
- Welche Informationen müssen durch wen bei externen Stellen abgerufen werden?
- Wie ist die zeitliche Gesamtabfolge der Planung bis zur Realisierung des Projektes?
- Wie ist die zeitliche Abfolge der einzelnen Planungsschritte?

Derartige konkrete Problembereiche können bei jeder beteiligungsorientierten Planung offenkundig werden. Je komplexer das Vorhaben[17], desto differenzierter müssen die einzelnen Planungsschritte sein. Gerade diese Tatsache hat dazu geführt, daß sich Planungsvorhaben oft genug verselbständigten, Planung wurde zu einer Sache professioneller Planer. Das Resultat: Das „Planungsergebnis" ging völlig an den Bedürfnissen der Planungsbetroffenen vorbei. Das Bestreben, ein Problem zu lösen, hatte also zur Folge, daß neue Probleme entstanden. Es ist nicht zu leugnen, daß Planungen mit möglichst optimaler Beteiligung der Betroffenen einen hohen Zeitaufwand erfordern. Dies kann zur Folge haben, daß das

[17] Vgl. F. Goossens: Management-Techniken. München 1973, S. 11 ff.

ursprüngliche Planungsproblem durch zwischenzeitliche gesellschaftliche Veränderungen sich völlig anders stellt als zu Beginn des Planungsprozesses, so daß ein Ergebnis ebenfalls an der Realität vorbeigeht.

Für beide Fehlentwicklungen gab es in den letzten Jahren genug Beispiele. Wenn man aber beide Gefahren sieht, braucht man sich gerade deshalb nicht in Planungsresignation zu ergeben.

- Man wird sich jedoch davor hüten, Planungsverfahren zu überschätzen.
- Man wird bei den einzelnen Planungsschritten Möglichkeiten einbauen, die notwendige Kurskorrekturen ermöglichen.

In diesem Zusammenhang gilt für den *Gesamtbereich der Sozialhilfe,* daß in den einzelnen Planungsschritten sehr behutsam mit mechanistisch-statistischen Methoden gearbeitet werden muß. Planungsmethoden in diesen Bereichen werden vielmehr sehr stark Mittel gesellschaftlicher Zukunftsszenarien benutzen. Planung bedeutet immer, daß durch sie vorhandene Probleme gelöst werden sollen. Dies aber hat zur Voraussetzung:

- Planung muß klientbezogen sein.
- Planung muß zielorientiert sein.
- Planung muß beteiligungsbezogen sein.

8.2 Das Planen (Planungsschritte)

Es wird unerläßlich sein, die Planung in einzelnen Schritten zu vollziehen:

(1) *Grobe Definition des Planungsproblems*

Wir wollen etwas für obdachlose Familien tun.

Warum ist es zu diesem Problem gekommen? – Eine erste Antwort:
- Durch zunehmende Arbeitslosigkeit,
- durch zunehmende Wohnraumverknappung.

(2) *Bedarfserhebung*

	Wer?	Durch welche Methoden?
a) quantitativ		
b) qualitativ		

Ergebnis der Bedarfserhebung (ausformuliert): . . .

Als Folge der Bedarfserhebung ergibt sich möglicherweise eine

(3) *neue Differenzierung und Definition des Planungsproblems.*

Für das oben genannte, grob definierte Problem könnte es z. B. zu folgenden Feindefinitionen des Zieles kommen:

Wir wollen für 50 obdachlose Familien 50 Einfachwohnungen in sanierten Wohngebieten anmieten. Wir wollen für 40 männliche Familienmitglieder und für 20 weibliche Familienmitglieder Arbeitsplätze besorgen. Wir wollen für 30 Kinder dieser Familien Förderunterricht durchführen.

Als nächstes hat (haben) der (die) Planungsbeauftragte(n) die Frage zu klären:

(4) *Wer ist wie an welchen Planungsschritten zu beteiligen?*

Die Antworten auf diese Frage werden zwangsläufig recht unterschiedlich lauten, denn im wesentlichen sind sie abhängig

– von den Einstellungen der Planungsbeauftragten und
– von der Art des Planungsproblems selbst.

Bei dem als Beispiel angeführten Planungsproblem wären unter anderem folgende Personengruppen zu beteiligen:

– Obdachlose aus der betreffenden Siedlung, und zwar Erwachsene, Jugendliche/Kinder aus den genannten 50 Familien;
– professionelle und freiwillige sozialpädagogische Mitarbeiter aus der Siedlung;
– Mitarbeiter aus der Verwaltung des Wohlfahrtsverbandes;
– Mitglieder aus dem Vorstand des Trägervereins;
– Mitglieder aus dem Sozialausschuß der Kommune;
– Mitarbeiter eventuell vorhandener Bürgerinitiativen;
– Baufachleute;
– Finanzfachleute;
– Mitarbeiter eventueller Finanzierungsträger;
– Mitarbeiter aus dem Sozialamt;
– Persönlichkeiten des öffentlichen Lebens.

Man braucht nicht viel Phantasie, um sich vorzustellen, daß bei anderen Planungsproblemen (wie z. B. „Wir planen einen Betriebsausflug", „Wir planen die Erstellung einer Arbeitsbroschüre" oder „Wir planen die Dezentralisierung unserer Organisation") die Planungsbeteiligung anders aussehen würde. Wesentlich ist bei allem die Grundentscheidung, ob die Beteiligung der von der Planung Betroffenen gewünscht wird oder nicht. Wer davon überzeugt ist, daß der Mensch umso motivierter und engagierter handelt, je höher seine

Mitbeteiligung bei Entscheidungsvorgängen ist, der wird sich konsequenterweise für die Beteiligung der Betroffenen entscheiden müssen.

(5) Unabhängig von der Beteiligung oder Nichtbeteiligung der Betroffenen sind deren *Interessen und Bedürfnisse zu klären.*
- Wer wird von der Planung betroffen sein?
- Welche Interessen und Bedürfnisse haben die Betroffenen?
- Wer ermittelt bis wann diese Interessen und Bedürfnisse?
- Auf welche Weise, z. B. durch Interviews, Fragebogen, Gespräche, Nachbarschaftsversammlungen, Literaturauswertung usw., kann ermittelt werden?

(6) Nach diesen „Vorarbeiten" beginnt der *eigentliche inhaltliche Planungsprozeß.* Auf der Grundlage des gesammelten Materials gelingt die *Zielfindung.* Sie führt zu einer differenzierten inhaltlichen Aussage. Der Zielfindungsprozeß wurde im Kapitel 5 dargestellt, sein Ergebnis führt zum SOLL der Planung.

(7) Es schließt sich nun die *Situationsanalyse,* d. h. die IST-Erhebung an (s. Kapitel 6).

(8) Aus den Planungsschritten (6) und (7) wird nun der *SOLL-IST-Vergleich* notwendig. Die Ergebnisziele sind der IST-Aufnahme gegenüberzustellen, um so die *Diskrepanzen* zu ermitteln. Da es sich um ein Planungsproblem handelt, brauchen die Ursachen, die zu den Diskrepanzen geführt haben, nicht ermittelt zu werden. Sie sind ja – im Unterschied zum Abweichungsproblem – der Sache gemäß im Planungsproblem selbst begründet.

(9) In einem weiteren Schritt werden *Lösungsmöglichkeiten* entwickelt, bewertet und auf ihre Realisierbarkeit hin überprüft (→ Entscheidungsanalyse).

Jede „verbleibende" einzelne Lösungsmöglichkeit wird schließlich in ihre Dimensionen (Personen, Sachen, Räume, Zeitaufwände, Handlungsabläufe, Finanzen) zergliedert. Daraus wird dann das
(10) *Maßnahmenprogramm* erarbeitet, das die Planung in die Realität umsetzt. Das Maßnahmenprogramm regelt detailliert: Wer macht was bis wann?

8.3 Planung am praktischen Beispiel

Das nachfolgende Beispiel ist das Ergebnis der Erarbeitung einer Gruppe, die, auf ihre Situation hin – zum Teil mit notwendigen Kompromissen – die Planungsschritte berücksichtigend, zu einem für sie praktikablen Planungsergebnis kam.

Durchführung eines Planungsprozesses

Thema: Ferien-Freizeitgestaltung

1. *Grobe Problemdefinition*

1.1 Worum geht es?
Für die Sommerferien soll für Kinder und Jugendliche aus einem Heim eine Ferienfreizeit geplant werden. Feststehende Daten:
- 3 Wochen
- 55 Kinder (7 bis 18 Jahre)
- ca. 30 000 DM stehen zur Verfügung.

1.2 Gründe:
- Erholung finden.
- Andere Erlebnisse haben.
- Freizeit muß stattfinden! (Jugendamt)
- War schon immer so!
- Soziales Lernen unter anderen Bedingungen soll ermöglicht werden.
- Die Mitarbeiter wollen die Kinder und Jugendlichen unter anderen Bedingungen erleben/kennenlernen (umgekehrt auch die Teilnehmer die Mitarbeiter).
- Die Mitarbeiter können ihre Freizeitinteressen mit einbringen.
- Die Mitarbeiter sollen lernen, die Kinder in die Planung und Vorbereitung mit einzubeziehen.
- Die Teilnehmer sollen lernen, eine Freizeit gemeinsam vorzubereiten.

2. *Bedarfserhebung*
- Erholung: Rücksprache mit dem Arzt, was die Kinder brauchen, z.B. Reizklima, Ruhe, Aktion.
- Andere Erlebnisse: Gespräche mit den Erziehern und potentiellen Teilnehmern (Ergebnisse → in die Mitarbeiterbesprechung → in die Gruppe → wieder zurück in die Mitarbeiterbesprechung) zur Klärung der Interessen der Kinder und der Mitarbeiter.
- Freizeit muß stattfinden: Die Mittel sind im Tagessatz enthalten, der Erholungswert von Ferienfahrten ist größer als der von Tagesausflügen.
- Die Interessen der Kinder haben zunächst Vorrang, weil es in der Vergangenheit Kritik gab.

3. *Differenzierte bzw. korrigierte Planungsdefinition*
Die Freizeit(en) soll(en) von den Mitarbeitern gemeinsam mit den Teilnehmern geplant und vorbereitet werden.

4. *Wer ist an der Planung zu beteiligen?*

a) Mitarbeiter

Wer: Mitarbeiter.
Wann: So früh wie möglich zu Beginn der Planung und ständig.
Wie: Mitarbeiterbesprechung, Diskussion, Rollenspiele per Kärtchen.
Warum: Die Mitarbeiter sollen die Kinder in ihren Gruppen von Anfang an beteiligen. Die Interessen der Mitarbeiter müssen berücksichtigt werden (Meinungen, Erwartungen, Ideen, Ängste der Mitarbeiter sammeln, ernstnehmen; Variationen entwickeln; Schwächen, Stärken, Ambitionen berücksichtigen).

b) Teilnehmer

Wer: Alle Kinder und Jugendlichen gemeinsam.
Wann: Wenn abzusehen ist, daß die Meinungsbildung bei den Mitarbeitern vorläufig abgeschlossen ist.
Wie:
- Über die Erzieher in den Gruppen.
- Vorlaufzeit für informelle Gespräche zwischen den Erziehern und den Kindern sowie den Kindern untereinander, sowohl innerhalb der Gruppe als auch gruppenübergreifend, z. B. Kinder sprechen sich untereinander ab.
- Plenum (gruppenintern und -übergreifend, um Meinungen abzufragen).

Warum:
- Demokratische Planung üben.
- Selbstverantwortung lernen.
- Teilnehmergerechter werden.
- Erprobung neuer Ziele angehen.
- Vermeidung bestehender Konflikte üben.

5. *Ermittlung der Interessen und Bedürfnisse der Betroffenen*
Dieser Planungsschritt wurde schon mitbearbeitet. Es wurden Annahmen formuliert, die unter Punkt 4. unter dem Stichwort „*Warum*" zu finden sind.

6. *Zielfindungsprozeß*

6.1 Zielsammlung
Die Gruppe führt auf Kärtchen eine Zielsammlung durch mit der Fragestellung: „Was wollen wir mit einer Freizeit, die von den Mitarbeitern gemeinsam mit den Teilnehmern geplant und vorbereitet wird, erreichen?" Die Sammlung erbringt 78 Kärtchen.

6.2 Zieldifferenzierung

Anschließend werden die Ziele in Grundsatzziele, Rahmenziele und Ergebnisziele differenziert.

Ergebnis: 1 Grundsatzziel,
3 Rahmenziele,
alles andere Ergebnisziele.

6.3 Zielzuordnung/Zielergänzung

Unter das Grundsatzziel: „Verselbständigung durch partnerschaftliche Beteiligung der Erzieher und Kinder“ werden folgende Rahmenziele geordnet:

1. Beteiligung der Erzieher an der Vorbereitung und Durchführung einer Abenteuerfreizeit.
2. Partnerschaftliche Entscheidung und Meinungsbildung von Kindern und Erziehern.
3. Erprobung autonomer Strukturen bei Kindern/Erziehern.

Die Ergebnisziele werden zugeordnet, Doppelnennungen und Kärtchen mit ähnlichem Inhalt werden aussortiert.

6.4 Zielbewertung und Auswahl von Ergebniszielen

Das Rahmenziel 2 wird von der Gruppe zur Weiterarbeit ausgewählt, die dazugehörenden 4 Ergebnisziele werden mittels einer zweidimensionalen Matrix bewertet (Kriterium: Subjektivität).

EZ 1: Meinungsbildungsprozeß in der Gruppe zulassen
EZ 2: Planen mit Erziehern und Kindern durchführen
EZ 3: Planspiele (Urlaubssituation durchspielen)
EZ 4: Umfrage (Gespräche mit den betroffenen Kindern)

RZ 2	1	2	3	4	+	–	0	Rangfolge
1		+	–	–	1	2	–	3
2	–		–	–	–	3	–	4
3	+	+		–	2	1	–	2
4	+	+	0		2	–	1	1

Mit EZ 4 und EZ 3 wird weitergearbeitet.

7. Ermittlung der IST-Situation (Bestandsaufnahme/Situationsanalyse)

8. Ermittlung der Diskrepanzen (konkreter Bedarf)

SOLL-Ermittlung wird erarbeitet zu Ergebnisziel 4 (Umfrage) und zu Ergebnisziel 3 (Planspiele).

	EZ 4 quantitativ	EZ 4 qualitativ	EZ 3 quantitativ	EZ 3 qualitativ
Personen	Heimleiter, Gruppenleiter, Gruppensprecher, Bürokraft	Informationsvorgabe	Gruppenleiter, Gruppenerzieher, Kinder in den Gruppen	intensive Vorbereitung durch Trainer
Sachen	allgemeine Informationen, Fragebogen, Tonbandgerät	erarbeitete Fragebogen, Prospekte über Ferienmaßnahmen	viel Papier, erforderliches Material	z. B. Kochkurse, Zelt aufbauen, Wochenendwanderung
Zeit	20 Stunden	während 1 Monats	a) 1–6 Tage b) 15 Stunden	a) in den Herbstferien oder am Wochenende b) 3 × 5 Std. gedankliche Vorbereitung, Ortsbesichtigung, Diskussion
Finanzen	ca. 30 DM		Tagessatz/keine zusätzlichen Kosten	frei verfügbar für die Gruppe
Sonstiges	vorhandene Räumlichkeiten	Dienstplan ggf. ändern	VW-Bus, Fahrräder	gegeben

a) Durchführung des Planspiels
b) Vorbereitung des Planspiels

Zu Ergebnisziel 3 wird der konkrete Bedarf ermittelt (SOLL-IST-Vergleich).

EZ 3	IST (SOLL: siehe unter Punkt 8.)	Diskrepanz
Personen	Gruppenleiter, Gruppenerzieher, Kinder in den Gruppen	fehlender Trainer (Heimleiter hat keine Zeit)
Sachen	Material vorhanden	Küche ist für die Durchführung eines Kochkurses nicht geeignet
Zeit	Zeit vorhanden, da normale Dienstzeit	15 Stunden Vorbereitung für Erzieher und Trainer fehlen
Finanzen	nicht vorhanden, da kein besonderer Etat	Mittel für Trainer und zusätzliche Stunden für Erzieher
Sonstiges	gegeben	keine Diskrepanzen

9. Entwicklung von Lösungsmöglichkeiten

Für Ergebnisziel 3 (Planspiele) Urlaubssituation durchspielen (Abenteuerwochenende).

EZ 3	Diskrepanz	Lösungsmöglichkeiten in ihrer Rangfolge*
Personen	fehlender Trainer	*2.* Bundeswehr-Trainer *1.* Pfadfinder-Trainer *3.* Wandervereine-Trainer (für Theorie und Praxis)
Sachen	Küche ist für die Durchführung eines Kochkurses nicht geeignet	*1.* Selbstverpflegerhütte 2. Lehrküche *3.* Zeltlager
Zeit	15 Stunden Vorbereitung pro Erzieher, 60 Stunden fehlen für die Durchführung	*3.* Zeiteinsparung bei Doppelbesetzung *1.* Praktikanten übernehmen einen Teilbereich der Arbeiten unter Anleitung 2. Praktikanten statt Erzieher
Finanzen	Mittel für Trainer und zusätzliche Stunden für Erzieher	*2.* Aus Spendentopf beschaffen *4.* Aus anderem Etat entnehmen *1.* Trainer möglichst kostenlos *3.* Sponsoren
Sonstiges	entfällt	entfällt

* Rangfolge der subjektiven Bewertung durch die Gruppe

10. Entwicklung eines Maßnahmenprogramms

Wer macht *was* bis *wann?*

„Job" *was*	Mitarbeiter *wer*	Zeit *bis wann*
1. Trainer besorgen		
– Bundeswehr	Heimleiter	14 Tage
– Pfadfinder		"
– Wanderverein		"
2. Unterkunft		
– Selbstverpflegerhütte	Mitarbeiter A	"
– Zeltlager	Hausmeister über Pfadfinder	"
– Lehrküche	Hauswirtschaftsleitung	"
3. Zeitbudget		
– Praktikanten planen	Heimleiter	"
– Praktikanten statt Erzieher in der Gruppe	Heimleiter	"
– Zeiteinsparung (Dienstplan)	Prüfung durch den Gruppenerzieher	"
4. Finanzen		
– Trainer kostenlos	siehe unter 1.	"
– „Spendentopf"	Verwaltungsleiterin	"
– Sponsor	Verwaltungsleiterin	"

Eine Auswertung (Erfolgskontrolle) soll in 14 Tagen bei der nächsten Mitarbeiterbesprechung erfolgen.

8.4 Zusammenfassung

- Die vorstehend aufgezeigten Planungsschritte sind notwendig, wenn anstelle eines bisher oft geübten Aktionismus ziel- und klientorientiertes, zukunftsgerichtetes Handeln in den Organisationen der Sozialhilfe verwirklicht werden soll. Die *Reihenfolge* der beschriebenen Planungsschritte ist nicht zwingend.
  Beispielsweise hätte in unserem Beispiel der Schritt 4 (Planungsbeteiligung) auch an die 2. Stelle treten können. Dies hätte zum Beispiel den *Vorteil,* daß bereits *vor* der differenzierten formalen Problemdefinition die Beteiligungsfrage geregelt wäre, d. h., die Beteiligung wäre voll in die gewiß nicht unwichtige Phase der Planungsvorbereitung miteinbezogen worden.
  Der *Nachteil* eines solchen Schrittes liegt unter anderem darin, daß sich zeitlich die Vorbereitungsphase mit großer Wahrscheinlichkeit erheblich ausdehnt und daß die differenzierte Problemdefinition von einem möglicherweise recht großen, heterogen zusammengesetzten Team erarbeitet werden muß. Es heißt also „pro und contra" genau zu erarbeiten und abzuwägen. Erst dann kann entschieden werden, welcher Planungsschritt auf welchen folgen soll.
- Wie deutlich geworden ist, heißt Planen immer, daß in seinem Rahmen der Zielfindungsprozeß durchgeführt werden muß und daß auch wesentliche Elemente der Problem- und der Entscheidungsanalyse mit in das Vorgehen einfließen.
  Spezifisch neue Methoden im Bereich der Planung sind:
  – die Bedarfserhebung,
  – die Ermittlung der Planungsbeteiligung,
  – die Ermittlung der Interessen und Bedürfnisse der von der Planung Betroffenen,
  – die Entwicklung und Erstellung eines differenzierten und detaillierten Maßnahmenprogramms (das auch als Zielstufenplan erarbeitet werden kann),
  – soweit notwendig die Erarbeitung und Durchführung von Prognoseverfahren, wozu nachstehend (S. 123) noch einiges ausgeführt wird.
- Gerade wenn man die Notwendigkeit von Planung bejaht, darf man ihre Gefahr nicht verkennen, die unseres Erachtens vor allem in ihrer Verselbständigung besteht. Kommunen, Regionalverbände, Wohl-

fahrtsverbände haben in den letzten Jahren Planungsstäbe (mit Planungsexperten) aufgebaut. Hier wird schon oft eine Sprache gesprochen, die der „Planungslaie“ nicht versteht. Solche Planungsstäbe neigen häufig dazu, sich mit „fachlichen Eliten“ für die einzelnen Planungsgegenstände zu umgeben oder aber ihre Zielorientiertheit durch sogenannte „Experten-Hearings“ abzusichern. Hier wird Planung zum Selbstzweck, sie verliert die Basiswirklichkeit, sie ist weder in ihrer Zielgerichtetheit noch in ihrer Bedürfnis- und Bedarfsorientiertheit der Realität (von heute und erst recht nicht von morgen) zugeordnet. Statt daß Planung der Zielerreichung dient, macht sie sich zum Selbstzweck. Ziele, Klienten usw. werden zum Mittel. Statt Zukunftsprobleme zu lösen, werden zwangsläufig neue geschaffen. Unsere Gegenwart liefert gerade in den Bereichen der Jugendhilfe, der Sozialhilfe und des Strafvollzuges eine schier unübersehbare Fülle von abschreckenden Beispielen.

- Rasche gesellschaftliche Veränderungen, zunehmende Geldmittelverknappungen, konzeptionelle Verunsicherungen, gerade auch in den Sozialhilfeorganisationen, immer stärker werdende Verflechtungen aller Lebensbereiche, steigende Arbeitslosigkeit: das sind nur einige Hinweise darauf, daß sorgsame, beteiligungsorientierte Planung immer notwendiger wird, wenn die sozialen Probleme unserer Gesellschaft nicht in eine durchaus denkbare und absehbare Katastrophe führen sollen. Das bedeutet, daß zukunftsorientierte Planung, *bevor* sie im Rahmen des Planungsprozesses in die Zielfindung eintritt, sich mit der Frage: „Wie sieht gesellschaftliche Zukunft in . . . Jahren aus?“ – beschäftigen muß. So ist auch zu fragen: Welche Prognosemöglichkeiten können wir in sozialplanerische Verfahren einbringen?

Die Antworten sind natürlich wieder abhängig vom Planungsproblem selbst. Beispielsweise lassen sich Fragen danach, wieviel Menschen über 50 Jahre wir 2005 in unserer Gesellschaft haben werden, wieviel Kinder 2005 10 bis 15 Jahre alt sein werden, wieviel Männer, wieviel Frauen 2005 wahlberechtigt sind, anhand harter statistischer Daten recht exakt beantworten. Bei diesen beispielhaft angeführten Fragen geht es ausschließlich um quantitative Probleme.

Planung im Gesamtbereich der Sozialhilfe hat es – solange sie am Artikel 1 des GG orientiert ist – aber vor allem mit qualitativen Fragestellungen zu tun, wie z. B.:

– Was für Bedürfnisse werden die über 60jährigen 2000 haben?.
– Welche Hilfen werden die Nichtseßhaften 2000 brauchen?
– Was für Bildungsangebote werden junge, inhaftierte Erwachsene 2000 benötigen, um sich nach der Entlassung möglichst problemlos in die Gesellschaft einzugliedern?

- Welche sozialpädagogischen Hilfen in der Ausbildung werden 2000 ausländische Jugendliche benötigen, um in unserer Arbeitswelt „Fuß zu fassen"?

Der Fragenkatalog ließe sich fortsetzen. Die Antworten auf derartige Fragen basieren weder auf statistisch-naturwissenschaftlicher noch auf ideologischer Grundlage. Nach unseren Erfahrungen sind die exaktesten Verfahren, um wenigstens zu „relativen" Antworten zu kommen, gut vorbereitete und durchgeführte Rollen- und (in Verbindung damit) Planspiele. Dabei ist anzuraten, die Spielvorgaben mit Varianten anzureichern, um so mögliche Entwicklungsabweichungen und unterschiedliche Entwicklungsschwerpunkte ins Prognose-Blickfeld zu bringen. Aus der Mischung verschiedener problemorientierter Rollen- und Planspiele lassen sich schon recht komplexe Szenarien zu bestimmten Planungsbereichen erarbeiten. Sie haben im Regelfall einen hohen Grad von Eintrittswahrscheinlichkeit. Die Erarbeitung, Durchführung und Auswertung von Szenarien, die komplexe soziale Entwicklungen darstellen, ist freilich durch herkömmliche Planungsstäbe nicht zu leisten. Man wird zu konsequenter Kooperation gerade im Gesamtbereich der Sozialhilfe einschließlich der „benachbarten" Gebiete kommen müssen, wenn man nicht bei Planungswurstelei hängenbleiben will. Unsere These von der Wichtigkeit der Prognoseverfahren durch Szenarien findet ihre Unterstützung in bekannten Beispielen:

- Schriftsteller wie beispielsweise Domnick oder Orwell haben in ihren Visionen die Zukunftsereignisse sehr viel exakter beschrieben, als dies zur jeweils gleichen Zeit durch mechanistisch-naturwissenschaftliche Prognoseverfahren geschehen ist.
- Der „Club of Rome" ist in seinen Zukunftsbeschreibungen umso klarer und genauer geworden, je mehr er von technischen Datenauswertungen abging und sich dafür an den Ergebnissen „ganzheitlicher" Szenarien orientierte.

Vielleicht ist deutlich geworden, daß Planen erst in einer Mischung von methodisch-exaktem Vorgehen in Verbindung mit harten quantitativen Daten *und* schöpferisch-spielerischen, „weichen" qualitativen Ergebnissen die Zukunftsentwicklung einigermaßen sinnvoll „erfassen" kann. Dies alles muß geleistet und inhaltlich erfüllt werden durch:

- Beteiligung der von Planung Betroffenen,
- Transparenz der Planungsschritte,
- Zielorientiertheit,
- Erstellung und Ausführung eines Maßnahmenkataloges, wodurch Erfolgskontrolle ebenso möglich wird wie die notwendige Flexibilität, auf Entwicklungsabweichung sensibel und rasch zu reagieren.

Planung ist überflüssig und damit unnötig kostenbringend, wo sie um ihrer selbst willen geschieht oder sich von Fremdzielen und -interessen leiten läßt. In diesem Falle wird Planung gefährlich, und sie endet in Menschenfeindlichkeit! *Planung im sozialen Bereich* ist nur dort zu verantworten, wo sie der Erhaltung bzw. Verstärkung menschlicher Lebensqualität dient.

Die Schritte der Planung

Grobe Planungsbeschreibung

↓

Bedarfserhebung

↓

Differenzierte Problembeschreibung

↓

Planungsbeteiligung

↓

Ermittlung der Interessen und Bedürfnisse der Betroffenen

↓

Zielfindungsprozeß

↓

Situationsanalyse

↓

Ermittlung der Diskrepanzen

↓

Entwicklung und Bewertung von Lösungsmöglichkeiten

↓

Erstellung des Maßnahmenprogramms

Rückfragen

Was ist unter Planung zu verstehen?

Welche speziellen Planungselemente gibt es?

Welche Prognoseverfahren für Planung kennen Sie?

Welche schon erarbeiteten Elemente des Sozialmanagements spielen in die Planung hinein und warum?

Was ist unter beteiligungsorientierter Planung zu verstehen?

Was ist ein Zielstufenplan?

9 Führung

9.1 Was ist Führung?

Diese Frage löst viel Assoziationen aus. Die einen haben das Bild des Offiziers vor Augen, auf dessen Befehl hin eine Einheit sich in Marsch setzt. Sie verweisen auch auf den Einsatzleiter der Feuerwehr, der ebenso wie der Bergführer in Anspruch nehmen muß, daß man seinen Anweisungen auf das Wort folgt, da sonst Gefahr im Verzuge und die Erreichung des Organisationszieles oder Aufgabenzieles nicht gewährleistet ist. Andere haben den Wirtschaftsführer vor Augen, der einen Konzern leitet und zwischen seinen leitenden Herren die Zielvereinbarung und den Konsens bei Meinungsverschiedenheiten herstellen muß. Wieder andere vertreten die Meinung, daß Teamführung das Wahre sei; sie wollen, daß alle alles im Team immer gemeinsam entscheiden und tun.

Fragt man Mitarbeiter aus Einrichtungen der Sozialarbeit, wie sie Geführtwerden erleben, so spiegeln die Antworten wider, daß hinter dem, was da von den einzelnen erlebt wird, die verschiedensten Führungskonzeptionen und die unterschiedlichsten Mischformen von Führungsstilen stehen – unterschiedliche Ansichten darüber, wie und wodurch man die Ziele einer Organisation am besten zu erreichen vermag.

Viel häufiger werden Führungsaufgaben von Charismatikern oder so zu nennenden Führungsautodidakten wahrgenommen als von den für Führungsaufgaben gemäß einer bestimmten Konzeption Ausgebildeten.

Geht man nun von dem Ansatz eines Sozialmanagements aus, dem die Führungskonzeption „Führung durch Beteiligung aller" zugrunde liegt, so ergeben sich für die Leitungsebene, für die Abteilungsebene und die Ausführungsebene jeweils spezifische Führungsaufgaben, die, in den Stellenbeschreibungen im einzelnen festgehalten, dort von den entsprechenden Kompetenzen wahrzunehmen und zu leisten sind.

Auf der Führungsebene lassen sich für Leitungs-, Abteilungs- und Ausführungskompetenzen folgende Aufgaben denken:

- die Vertretung der Grundsatzziele der Organisation nach außen und nach innen;
- die Personalförderung und -befähigung durch:
  - die Vergabe klarer Arbeitsaufträge,
  - die Entwicklung von Arbeitsbedingungen, die die Ausführung der Aufgaben eines Arbeitsplatzes optimal fördern,
  - eine Sicherung der notwendigen Kenntnisse der Mitarbeiter mit Hilfe von Beratung und Fortbildung;

- die Verantwortlichkeit für die Durchführung von Erfolgskontrolle;
- die Konfliktregelung in der Organisation.

Es geht aber nicht nur darum zu definieren, welche Aufgabe Führung hat, was Führung ist und will; entscheidend ist auch die Frage: „*Wie* wird geführt?"

Die Antwort ergibt sich aus der Führungskonzeption, die einer Organisation zugrunde liegt, und aus den Führungsstilen, die praktiziert werden.

Letztlich ist die Persönlichkeit wichtig, die die Führungsaufgaben ausführt. Worauf begründet sie ihre Autorität? Wie versteht sie ihre Rolle, und wie übt sie diese aus (welche Regeln gelten für die Führungskraft)? Wie regelt sie Konflikte? Wie verhält sie sich in ihrer doppelten Loyalität zu Nachgeordneten und Vorgesetzten? Hier sind wichtige Aussagen über das, was Führung ist, möglich: *Führung ist notwendige Voraussetzung, um Mitarbeiter einer Organisation zur Zielerreichung anhand eines bestimmten Aufgabenkatalogs im Rahmen einer vereinbarten Führungskonzeption zu bringen. Führung erfordert Persönlichkeiten, die neben Wissen und Können – unter Wahrung der Kompetenzen anderer – ihre Fach- und Führungskompetenz wahrzunehmen verstehen.*

9.2 Was sind Führungsaufgaben?

Zu zentralen Aufgaben einer Führungskraft in der Organisation gehören:

- die Vertretung der Grundsatzziele und die Kooperationsverwirklichung der Organisation nach innen und außen;
- das Durchschaubarmachen und die Vermittlung von Hilfen zur Aufgabenbewältigung der Mitarbeiter sowie die Mitarbeitermotivation;
- die Verantwortlichkeit für die Durchführung der notwendigen Erfolgskontrollen;
- die Konfliktregelung in der Organisation.

Natürlich kann zum Aufgabenkatalog, je nach Art und Größe der Organisation, noch anderes gehören, nur muß sich die Führungskraft darüber klar sein, daß sie umso weniger den eigentlichen Führungsqualitäten gerecht werden kann, je mehr Aufgaben sie sich sonst noch auflädt. Man wird nicht von der Hand weisen können, daß die Neigung von Führungskräften (gerade auch in sozialen Organisationen), liebenswerte Detailaufgaben eher wahrzunehmen als zentrale Führungsaufgaben, ihre Ursache mit darin hat, daß sie auf ihre eigene Führungsposition nicht systematisch genug vorbereitet worden sind und daß sie deshalb lieber bedürfnisorientiert Nebensächliches als Wesentliches wahrnehmen. So leistet beispielsweise der Leiter eines Altenheimes weitgehend Aufgaben, die an sich dem Aufgabenkatalog des Hausmeisters zuzuordnen wären. Der Leiter einer Justizvollzugsanstalt liest in seiner Dienstzeit mit Vorliebe in Fachzeitschriften über skurile juristische Probleme, er widmet sich der Belletristik und philosophisch-anthropologischen Problemen bei Dienstbesprechungen mit den Pfarrern, Sozialarbeitern und Psychologen seiner Organisation. Der Leiter eines Jugendheimes erzählt den Erziehern, was im Lichte seiner Erfahrung früher pädagogisch alles besser gelaufen ist und wie unselig der Zeitgeist sich auf die gesunde Entwicklung der Anvertrauten auswirke. Sein Tagewerk beginnt und beschließt er immer aufs neue mit der tiefsinnigen Bemerkung: „Macht man immer so weiter! Das nimmt ein böses Ende." Mangel an Führungsqualifikation wird durch das Ausagieren (durchaus liebenswerter) persönlicher „Macken" kompensiert.

Im folgenden sollen einige Gesichtspunkte erörtert werden, wie Führungskräfte besser lernen und trainieren können, zur Bewältigung ihrer eigentlichen Aufgabe zu kommen.

9.3 Die Leitungskonzeptionen

Während Führungs- oder Leitungsstile vor allem persönlichkeitsbedingt sind, sollen durch gemeinsam erarbeitete und akzeptierte Leitungskonzeptionen zugleich Methoden der Führung für alle Organisationsmitglieder – nachprüfbar und mitvollziehbar – definiert werden. Aus der Fülle vorhandener Führungskonzeptionen sollen im folgenden nur jene vier dargestellt werden, die nach unserem Grundverständnis vom Sozialmanagement von besonderer Bedeutung sind.

Leitung – Ziele – Mitarbeiter

Gerade in sozialen Organisationen weisen die von der Organisation verfolgten Ziele und die von den Mitarbeitern verfolgten Ziele erhebliche Mängel an Gemeinsamkeiten auf. Diese Tatsache ist den Leitungskräften häufig nicht einmal bewußt. Aus diesem Grunde ist es an dieser Stelle nötig, darauf hinzuweisen, daß es wesentlichste Aufgabe von Führungskräften ist, das Höchstmaß an Übereinstimmung zwischen Organisations- und Mitarbeiterzielen herzustellen und in einem ständigen Prozeß stets gemeinsam neu zu erarbeiten.

Kaum etwas wirkt bis in die Tiefenregionen eines Organisationsgefüges gefährlicher und zerstörerischer als das Auseinanderklaffen der Zielvorstellungen. Auf diese Weise können sich Organisationsziele von gesellschaftlicher Wirklichkeit völlig fortbewegen. Organisationen entwickeln dann leicht unterschiedliche Realitätsebenen, z.B. die der

Chefetagen, die der Referenten, die der Sachbearbeiter usf. Die Gefahr solcher Entwicklungen ist um so größer, je weniger sich auf dem Wege der Erfolgskontrolle exakte Zielerreichung der Organisationen evaluieren läßt, was besonders im sozialen Bereich der Fall ist.
Leitungskräfte müssen deshalb ihre Aufgabe darin sehen:

- untereinander in ständigem Gespräch darüber zu sein, ob die definierten Ziele die unterstellte gesellschaftliche – klientenbezogene – Bedeutung haben.
- im systematischen Gespräch mit allen Ebenen der Mitarbeiterschaft die organisatorische und gesellschaftliche Bedingungsstruktur zu hinterfragen. Rechtzeitig sind Zielkorrekturen, -ergänzungen und -entwicklungen einzuleiten – unter Einschluß der Mitarbeiterschaft.
- insbesondere Trendmeldungen, neue Einsichten und praxisorientierte Anleitungen durch externe Experten bei der Zielüberwachung und -entwicklung mit zu berücksichtigen. Sie geben oft genug wichtige Hinweise auf die – gar nicht selten tödliche – Betriebsblindheit, die dadurch das notwendige Regulativ erfährt.

Erst die Übereinstimmung bezüglich der Organisationskonzeption bei den Mitarbeitern aller Hierarchiestufen schafft die Voraussetzung für eine intern und extern effektive und klientzentrierte Arbeit.

Die Leitungskräfte einer Organisation müssen deshalb einige Voraussetzungen für sich selber schaffen:

- Leitungskräfte müssen täglich neu begreifen, daß Schwerpunktsetzungen, fixe Ideen, Lieblingsideologien ständige Versucher nicht etwa nur für andere, sondern vor allem auch für sie selber sind.
- Leitungskräfte müssen deshalb für sich selber folgende Erfahrungsgrundsätze beanspruchen:
  Gesellschaftliche, wirtschaftliche, kulturelle, ethische und organisationsintensive Veränderungen sind ständige Begleiter. Sie sind nicht immer bemerkbar. Ständige, berufs-lebenslange Fortbildung ist daher in Leitungspositionen notwendig.
- Leitungskräfte werden nur dann ihre ziel- und mitarbeiterorientierten Aufgaben hinreichend wahrnehmen können, wenn sie ihr eigenes Zeitbudget in voller Eigenverantwortung gestalten. Dazu gehört:
  Keine Leitungskraft ist ein Übermensch. Zum zielgerichteten, äußerlich und innerlich geordneten Verhalten gehört Ausgeglichenheit, ein Blickwinkel, der mehr ermöglicht, als nur die Probleme der eigenen Organisation zu sehen. Vor allem: der menschliche Umgang mit sich selber ist unabdingbar.

Als Faustregel läßt sich deshalb sagen:

- Eine Leitungskraft mit einem 14stündigen Arbeitstag ist eine schlechte – noch nicht in sich ruhende – Leitungskraft.

- Eine Leitungskraft setzt sich für die eigene Aufgabenerfüllung nicht übermenschliche Maßstäbe. Sie bescheidet sich vielmehr in der eigenen Unzulänglichkeit und arbeitet insbesondere an dieser. Nur so können eigene Entwicklungen nicht ein Opfer von Hektik, Launenhaftigkeit und Unklarheiten werden.

9.3.1 Führung durch Zielvorgabe

In der Organisation sind am Ende eines Jahres die Ziele gemeinsam vereinbart und definiert, die bis zum 31. Dezember des folgenden Jahres erreicht werden sollen. Diese Ziele und die Mittel zu ihrer Erreichung werden auf die einzelnen Abteilungen und in deren verschiedene Hierarchiestufen operationalisiert (operationalisierte Zielvorgaben). Die auf den verschiedenen Ebenen auf diese Weise vorgegebenen Ergebnisziele (s. Kapitel 5.1 „Zielfindungsprozeß") können noch in Teilziele (s. Kapitel 8 „Planen") zerlegt und terminiert werden. In diesem vorgegebenen Rahmen bleibt es den einzelnen Arbeitsgruppen in der Organisation überlassen, wie sie und bis wann sie die jeweils vorgegebenen Teilziele erreichen. Freilich kann die jeweils übergeordnete direkte Organisationsebene zielzentrierte Kontrolle im Hinblick auf die Realisierung der Teilziele vornehmen, um möglichst rasch eventuell notwendige Korrekturen durchzuführen. Auf diese Weise kann ein hohes Maß an zielorientierter Arbeit in Verbindung mit einem relativ hohen Maß an Mitarbeiterfreiheit erreicht werden, was unseres Erachtens gerade in sozialen Organisationen im Interesse auch des Klientels liegt.[18]

9.3.2 Führung durch Zielvorgabe und teilweise delegierte Erfolgskontrolle

Hat sich die Konzeption „Führung durch Zielvorgabe" in einer Organisation über einen Zeitraum von einem dreiviertel Jahr eingespielt und bewährt, bietet sich als nächster Schritt an, diese in die Konzeption „Führung durch Zielvorgabe und teilweise delegierte Erfolgskontrolle" weiterzuentwickeln.

Diese Konzeption setzt voraus:

- Gemeinsam vereinbarte Organisationszielerreichung auf den Ebenen: Leitung, Abteilung, Gruppe (Sachbearbeiter) – bis zu einem Zeitpunkt X.
- Zwischen den einzelnen Organisationsebenen wird ausgehandelt, in

[18] G. S. Odiorne: Management by objectives. München 1973, S. 31 ff.

welchen Zwischenzeiträumen jeweils die Zielerreichung kontrolliert wird.
- Es wird gemeinsam geklärt, bis zu welchen Abweichungen (+/−) die jeweilige Organisationsebene die Zielerreichung ihres Bereiches selbst kontrolliert, *ohne* die jeweils über ihr angesiedelte von den Ergebnissen in Kenntnis setzen zu müssen.
- Es wird gemeinsam erarbeitet, bis wann die generelle Gesamtkontrolle der Zielerreichung erfolgt.

Die Einführung dieser Führungskonzeption hat den Vorzug, daß sie auf den einzelnen Organisationsebenen ein hohes Maß an Selbständigkeit, Bewegungsfreiheit und damit Motivation und Eigenverantwortlichkeit ansiedelt.

Beispiel: Eine Arbeitsgruppe hat die Zielerreichung 100% bis zum 31.12. zu leisten. Die Vereinbarung lautet:

Besteht bei der Teilzielerreichung bis zum 30.4. eine Abweichung von +/− 25%, so wird dies nicht nach oben weitergemeldet.

Besteht bei der Selbstkontrolle der Teilzielerreichung bis zum 30.6. eine Abweichung von nicht mehr als +/− 15%, so wird dies nicht nach oben weitergemeldet.

Besteht in der Arbeitsgruppe bei der Teilzielerreichung zum 31.12. des Jahres eine Abweichung von mehr als +/− 5%, so muß sie an die nächst höhere Organisationsebene weitergemeldet werden.

So kann es gelingen, daß die einzelnen Organisationsebenen ein hohes Maß an Selbstkontrolle erhalten, ohne daß dadurch die Organisationsleitung die Zielerreichung aus ihrer eigenen Übersicht verlöre.

Durch die Zahlen ist unser Beispiel naturgemäß vereinfacht. Es läßt sich auch in Worten ausdrücken, wie die Führungskonzeption in Zielvereinbarungen durch Werte zu erfassen ist.

Beispiel: Für eine Sozialhilfeorganisation heißt das Grundsatzziel bis zum 31.12. im Rahmen der generellen Finanzmittelverknappung:

„Wir müssen für unsere Organisation neue Hilfeprioritäten gesetzt haben."

Für die Abteilung „Offene Soziale Hilfe" heißt dies: „Bis zum 30.11. müssen wir die Prioritäten der Abteilung ermittelt und vereinbart haben."

Für die Arbeitsgruppe „Altenhilfe" bedeutet dies: „Wir müssen unsere Prioritäten bis zum 15.11. ermittelt haben."

Ausgangspunkt ist der 1.1. des Jahres. Folgende Teilziele hat die Arbeitsgruppe „Altenhilfe" zu erreichen:

1. Bis zum 15.5. Ermittlung: Welche qualitativen und quantitativen Hilfebedürfnisse der Alten im Ortsteil gibt es? (Die Ermittlungsabweichung kann +/− 14 Tage sein.)

2. Bis zum 15. 8.: Welche dieser Hilfebedürfnisse sind bereits durch wen abgedeckt? (Abweichung + / – 10 Tage)
3. Bis zum 15. 10.: Welcher Aufwand ergibt sich daraus für die Arbeitsgruppe, und was davon ist realisierbar? (Abweichung + / – 5 Tage)
4. Bis zum 10. 11.: Welchen Prioritätenkatalog schlägt die Arbeitsgruppe der zuständigen Abteilung vor? (Abweichung + / – 2 Tage)

Qualitativ wie quantitativ lassen sich je nach Problemsituation solche Ziel- und Kontrollvereinbarungen mannigfach kombinieren.

9.3.3 Führung durch Delegation

Ergänzend zu den beiden vorgenannten Konzeptionen kann auch die „Führung durch Delegation" in die Organisation eingeführt werden.[19] Sie ist nicht in erster Linie zielorientiert, sondern aufgabenorientiert. Mitarbeiter aus einer Hierarchiestufe geben genau definierte Teilaufgaben oder Teilaufgabenbereiche an Mitarbeiter aus der jeweils nachfolgenden Organisationsstufe ab. Solche Delegationen sind natürlich nur dann sinnvoll, d. h. mitarbeitermotivierend,
- wenn sie nicht ein Abschieben unliebsamer Aufgaben von oben nach unten bedeuten;
- wenn sie dazu dienen, die „Delegationsempfänger" besser zu beteiligen und ihre Stärken auszuloten;
- wenn sie den ohnehin vorhandenen Aufgabenkatalog (s. „Arbeitsplatzbeschreibung") des Delegationsempfängers nicht zusätzlich belasten, sondern ihn interessanter gestalten.

„Führung durch Delegation" kann also motivierend wirken. Aber Delegation heißt immer auch „Aufgabe auf Zeit", Kontrollwahrnehmung des Delegierenden; und das bedeutet, daß generell die Hierarchiestruktur der Organisation nicht durchbrochen wird.

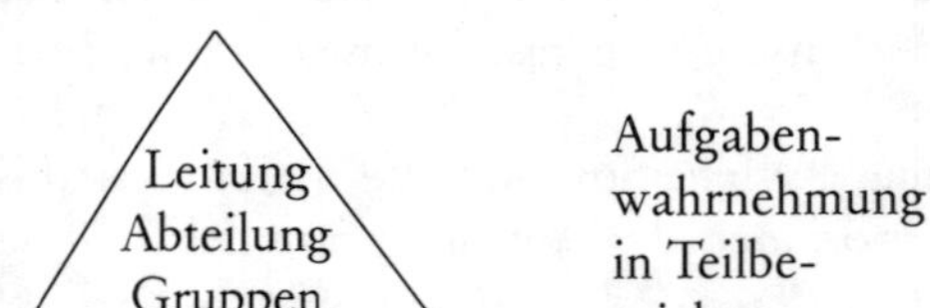

9.3.4 Führung durch Teilhabe (Partizipation)

Sieht man einmal von bestimmten Ziel- und Aufgabenvorgaben ab, die in Organisationen durch deren Aufsichtsgremien gegeben werden, dann ist

[19] Vgl. W. Hill/u. a.: Organisationslehre 2. UTB Bern/Stuttgart 1981, S. 224 ff.

es weitgehend üblich, daß die Aufgabenebene mit der Entscheidungsebene zusammenfällt.[20] Das heißt: In der Hierarchiestufe, in der bestimmte Ziele zu erreichen und demnach entsprechende Aufgaben zu erfüllen sind, werden auch stufenintern die „notwendigen" Entscheidungen gefällt:

Entscheidung ↔ Leitung ↘
Entscheidung ↔ Abteilung → Durchführung
Entscheidung ↔ Gruppe ↗

Generell wird man, zumindest aus Gründen des rationellen Arbeitsverhaltens, gegen diese Praxis nichts einwenden. Sie birgt aber gravierende Gefahren in sich:

- Die Entscheidungen bleiben durch andere Organisationsebenen meist nicht nachvollziehbar und damit auch nicht korrigierbar im Interesse der Erreichung des Organisationszieles.
- Bei der üblichen Entscheidungshandhabung verliert die Leitungsebene leicht den Basisbezug und umgekehrt die Basis den Bezug zur Leitung.
- Auf diese Weise kann es gerade auch in sozialen Organisationen zu erheblichen Motivationsverlusten bei der Mitarbeiterschaft kommen.

Deshalb geht „Leitung durch Teilhabe" davon aus, daß bestimmte gemeinsam definierte Entscheidungsfelder der einzelnen Hierarchiestufen so geordnet werden, daß an ihnen Mitarbeiter aus allen Organisationsebenen beteiligt sind.

Beispiel: In einem Kinderheim einigt man sich (in einer Zeit der Finanzmittelverknappung) darauf, daß an den Leitungsentscheidungen über den Jahresetat Mitarbeiter der übrigen Organisationsstufen nach einem gemeinsam ausgehandelten Verfahren gleichberechtigt mitbeteiligt sind. Die Sorgen der Leitung werden so zu den Sorgen der mittleren Ebene und der Basisebene. Mögliche Opfer werden einsichtig und gemeinsam besser getragen und verkraftet.

Zum anderen einigt man sich auch darauf, daß bei bestimmten Arten von Disziplinarproblemen in den Gruppen die mittlere Ebene und die Leitungsebene in die Entscheidung mit einbezogen werden. So halten zumindest in diesem Bereich „alle" Bezug zur Alltagswirklichkeit der Kinder und ihrer Erzieher.

Natürlich können in den Organisationen nicht jeweils alle Mitarbeiter an allen Entscheidungen mitbeteiligt werden; das allein schon aus Zeitgründen nicht. Wichtig erscheint uns vielmehr, daß die Entscheidungsbeteili-

[20] Vgl. W. Grunwald/H.-G. Lilge: Partizipative Führung. UTB Bern/Stuttgart 1980, S. 50ff.

gung von „oben" nach „unten" und umgekehrt in gemeinsam als wesentlich erkannten Bereichen praktiziert wird.

Gegen „Führung durch Teilhabe" wird häufig eingewandt, daß man an Entscheidungen, für die man selbst die Verantwortung trage, nicht andere beteiligen könne. – Warum eigentlich nicht, wenn dadurch im Regelfall Entscheidungen und die Mitarbeiter in der Organisation qualifizierter werden?

Schließlich beruht – um nur ein Beispiel zu nennen – die deutsche Kollegialgerichtsbarkeit auf der Grundlage gemeinsamer Mehrheitsentscheidung, die der Kammervorsitzende auch dann zu vertreten hat, wenn er selbst abweichender Meinung sein sollte. Die Entscheidungsstruktur des deutschen Kammergerichtswesens hat sich längst bewährt.

Die vier hier beschriebenen Führungskonzeptionen sind miteinander kombinierbar. Für Organisationen, die wirklich menschenbezogen im Sinne eines demokratischen Gemeinwesens arbeiten wollen, erscheinen sie uns so wichtig, daß entsprechend „aufgeschlossene" Leitungskräfte versuchen sollten, sich gemeinsam mit ihren Mitarbeitern – und sei es nur in kleinen Schritten – „auf den Weg zu begeben". Die Humanisierung gerade sozialer Organisationen ist entscheidend, wenn der Weg in eine menschlichere Zukunft, in der der eine den anderen so ernst nimmt wie sich selbst, gelingen soll.

9.4 Führungsstile

Bekannt sind im allgemeinen die klassischen Führungsstile, wie sie der Sozialpsychologe Levin beschrieben hat. Diese Führungsstile sind sehr einprägsam dargestellt, sie zeigen Extreme auf und werden in den seltensten Fällen „rein" praktiziert. Die Mischformen, die sich herausgebildet haben, das Verhältnis zwischen Führungskraft und Mitarbeiter, die Organisationsatmosphäre, das alles läßt zunächst noch nicht darauf schließen, „wes Geistes Kind" man in einer Organisation ist und ob hier nun nach autoritärem, demokratischem oder Laisser-faire-Stil „regiert" wird. Die Bedeutung der Führungsstile wird vielfach überschätzt. Hierauf deuten empirische Untersuchungen aus den Bereichen von Wirtschaftsorganisationen hin. Aus diesen Untersuchungen[21] geht beispielsweise folgendes hervor:

„Ich habe einen integrativ-kooperativen Führungsstil." Dies behaup-

[21] Zitiert nach Arbeitsmanuskript „Sozialmanagement" DA-MSE. Stuttgart 1979, S. 5.

ten mehr als 80% der Direktoren; weniger als 40% ihrer Abteilungsleiter sind davon überzeugt.

„Ich habe einen integrativ-kooperativen Führungsstil." – Dies behaupten mehr als 80% der Abteilungsleiter; weniger als 40% ihrer Referenten sind davon überzeugt.

„Ich habe einen integrativ-kooperativen Führungsstil." – Dies behaupten mehr als 80% der Referenten; weniger als 40% ihrer Sachbearbeiter sind davon überzeugt.

Die auffälligen Beurteilungsabweichungen beruhen sicher nicht nur auf der unterschiedlichen Selbst- und Fremdwahrnehmung, vielmehr werden sie dadurch bestimmt, daß, unabhängig von subjektiven Führungsstilen, Führungsverhalten in konkreten Situationen durch die verschiedensten Strukturbedingungen der Organisation beeinflußt ist.

9.4.1 Der autoritäre Führungsstil

Dieser Begriff besagt, daß die Führerpersönlichkeit bei Entscheidungen ihre ganze Autorität einsetzt: „Ich aber sage euch: Das sollt ihr tun!" Die Führungspersönlichkeit weiß im Grunde allein, wohin die Reise zu gehen hat. Es wäre aber völlig falsch, diesen Führungsstil nur als einen „Unführungsstil" zu charakterisieren. Wer begeisterter Bergsteiger ist und an steilen Felsen geführte Klettertouren mitgemacht hat, wird sich unschwer vorstellen können, was passierte, wenn an einer windigen Stelle über die Anordnungen der Bergführerpersönlichkeit lang und breit diskutiert werden sollte; bevor man zur Entscheidung käme, wäre der Geführte vermutlich den Berg hinuntergefallen. Auch beim Militär wird vermutlich, ebenso wie bei der Feuerwehr, in ganz bestimmten Situationen autoritäres Führerverhalten gerechtfertigt sein. Auch kann man vielen derartigen Führerpersönlichkeiten – denkt man geschichtlich – nicht absprechen, daß sie ihre Autorität mit einer hohen Verantwortlichkeit und Selbstdisziplin wahrgenommen haben. Dazu gehörte dann auch, daß kurzfristig getroffene Entscheidungen, autoritäre Anordnungen später rekapituliert, korrigiert und gegebenenfalls zurückgenommen wurden. Freilich kann man auch hier Zerrbilder der Verantwortungswahrnehmung feststellen, so etwa den autoritären Führer, der Entscheidungen später nur noch einmal deshalb zur Diskussion brachte, um zu beweisen, daß er recht gehandelt hatte, und der auch dann nicht darüber diskutieren ließ, was das Angemessenere und möglicherweise Nützlichere gewesen wäre.

Kennzeichen der im autoritären Führungsstil geführten Organisation ist *Eindeutigkeit der Anordnungen;* die Mitarbeiter wissen, was sie zu tun und zu lassen haben. Die Möglichkeit zu Kreativität und Eigenentwicklung ist gering; fällt die Führungsfigur aus, entsteht rasch Unsicherheit, die Organisation beginnt zu verfallen.

9.4.2 Der Laisser-faire-Führungsstil

Dieser Führungsstil stellt gewissermaßen einen Gegenpol zum autoritären Führungsstil dar. Der Leiter ist in seinem Verhalten zu charakterisieren mit etwa den Worten: „Macht doch was ihr wollt, Bedürfnisse sind frei." Bei diesem Laisser-faire-Stil hat jeder die Möglichkeit zu tun, was er will, sofern er damit nicht aus dem weitgesteckten Rahmen fällt. So sympathisch vielen der Laisser-faire-Stil sein mag, so wenig garantiert er, daß dort, wo er angewendet wird, nicht Persönlichkeiten den Ablauf des Geschehens bestimmen, die aufgrund ihres persönlichen Wissens und ihrer Führungsqualifikation „die Sache in die Hand nehmen" und sich so aus einem Laisser-faire-Stil im Handumdrehen ein autoritärer Führungsstil entwickeln kann. Es läßt sich denken, daß dort, wo viele „Künstler" am Werk sind, die sich dem Genius anheim geben und gerne in der jeweils glücklichsten Kombination etwas gemeinsam tun wollen, diese im Rahmen eines Laisser-faire-Stils die größtmöglichen Chancen für eine Verwirklichung haben. In sozialen Organisationen findet man den Laisser-faire-Stil vor allem dort, wo eine klare Konzeption für überflüssig gehalten wird und der Leitspruch gilt: „Solange das Ziel nicht bekannt ist, ist jeder Weg der richtige."

9.4.3 Der kooperativ-integrative Führungsstil

So führen bedeutet: Jeder Mitarbeiter kennt die Ziele, jeder Mitarbeiter hat konkrete Aufgaben zur Erreichung dieser Ziele, die Kompetenzen jedes Mitarbeiters sind geklärt und die Kompetenzen aller Mitarbeiter untereinander abgestimmt. In diesem Führungsstil kontrollieren alle Mitarbeiter die Zielerreichung. Der kooperativ-integrative Stil erlaubt jedem Mitarbeiter eine weitgehende Entfaltung seiner Gaben und Begabungen – soweit das nicht eine Einengung der anderen Mitarbeiter nach sich zieht. Man spricht von ihm als von einem Führungsstil, der ideenreiche Arbeit mit notwendiger Sachdisziplin verbindet. Es dauert sicher oft länger als beim autoritären Führungsstil, bis die ausgemachten Ziele erreicht sind; dafür ist aber die Art der Zielerreichung für alle Mitarbeiter ein Erfolgserlebnis und daher befriedigender.

9.4.4 Der charismatische Führungsstil

Es gibt Persönlichkeiten, die eine solche Ausstrahlung haben, daß niemand ihnen widerstehen kann. Es sind in der Gründerzeit die großen Frauen oder Männer gewesen, die einer Sache zum Durchbruch verholfen haben, die dem allgemeinen Bewußtsein ihrer Zeit im Regelfall weit voraus waren. Aufgrund ihrer Persönlichkeit gewannen sie die Herzen und setzten ihre Ziele durch. Die Stimmung ihnen gegenüber läßt sich charakterisieren mit Worten wie: „Wir lieben und verehren dich; sage uns, was wir tun sollen, wir handeln danach." Es gibt solche Persönlichkeiten auch heute, aber die gesellschaftlichen Bedingungen erschweren ihnen die Durchsetzung, sie leben nicht selten gefährlich.

9.4.5 Der bürokratische Führungsstil

Die Handlungsziele der Mitarbeiter werden bei diesem Stil durch den Verwaltungsakt bestimmt, der die Verwirklichung der Handlungsziele auch kontrolliert und mechanistisch von einer Ebene zur anderen weitergibt. Die individualistischen Bemühungen der Mitarbeiter auf den einzelnen Organisationsebenen werden weitgehend ausgeschaltet, dadurch wird Eigeninitiative unterdrückt. Wenig begrüßenswert, doch vielzu oft noch praktiziert!

Bei dieser Charakterisierung verschiedener Führungsstile gerät der Betrachter leicht in die Situation, die eine oder andere Persönlichkeit in diese oder jene Stilschublade einordnen zu wollen. Interessant zu wissen ist darum, daß die von Führungspersönlichkeiten gemachten Äußerungen von verschiedenen Leuten jeweils verschiedenen Führungsstilen zugeordnet werden.

Was der eine für das typische Kennzeichen eines autoritär Regierenden hält, nimmt der andere als Schulbeispiel einer Äußerung eines Praktizierers des kooperativ-integrativen Führungsstils. Was der eine als stockautoritär empfindet, kann der andere nicht als solches ausmachen. Woran liegt das? Einmal gilt sicher, daß der Ton die Musik macht, zum anderen ist es sehr verkürzt, aufgrund einiger weniger Merkmale jemanden in der einen oder anderen Richtung abzustempeln. Viel wichtiger ist es, die Frage zu stellen: Welche Führungskonzeption strebt die Führungspersönlichkeit an, und wie und wodurch will sie dieselbe entwickeln?

9.5 Führungsmacht und Führungsabhängigkeit

Jede Führungsmacht muß wissen, daß ihre Tätigkeit immer auch etwas mit der Ausübung von Macht zu tun hat, die für die nachgeordneten Mitarbeiter immer in das Gegenteil umschlägt, nämlich in Abhängigkeit.

Die einzelnen Elemente dieser Macht können sein:

- Die Position (Stellung) der Führungskraft: Sie ist nun einmal an der Spitze der Organisation angesiedelt.
- Ihre Anweisungskompetenz: Zumindest qualitativ hat die Führungskraft ein Mehr an Anweisungsrechten innerhalb der Organisation als alle anderen Mitarbeiter.
- Sie hat für die Einhaltung bzw. Durchführung der relevanten Rechtsvorschriften in der Organisation zu sorgen. Bis zu einem gewissen Grade besitzt sie die Auslegungslegitimation von Rechtsvorschriften.
- Auch dann, wenn in der Organisation ein gut funktionierendes, formelles Informationssystem vorhanden ist, hat die Führungskraft für ihre eigene Position doch ein Mehr an Informationsermittlung zur Verfügung, was also auch in diesem Bereich zu latenter Überlegenheit den Mitarbeitern gegenüber führen kann.
- Die „letzte" Entscheidungskompetenz liegt immer bei der Führungskraft, auch dann, wenn in der Organisation die Führungsmethodik „Management durch Teilhabe" verwirklicht ist.
- Die Führungskraft hat im Regelfall ein höheres Maß an ökonomischer und sozialer Sicherheit als alle anderen Mitarbeiter in der Organisation. Gerade in Zeiten zunehmender ökonomischer Unsicherheiten spielt dies eine besonders wichtige Rolle.
- Schließlich steht der Führungskraft die Einstellungs- und Entlassungsbefugnis im Rahmen der geltenden arbeitsrechtlichen Vorschriften zu. Dies bedeutet – zumindest der Möglichkeit nach – das Recht zum Eingriff in die existentielle Situation der Mitarbeiter.

Es kommt nicht so sehr darauf an, daß die Führungskraft ihre Macht täglich mit allen Registern ausübt. Ihre Wirksamkeit liegt vielmehr darin, daß sie dies jeden Tag tun könnte. Dadurch kann bei den abhängigen Mitarbeitern das Gefühl der Fremdbestimmung entstehen, woraus sich mangelnde personale Identifikationsmöglichkeiten entwickeln. Man „trainiert" Anpassungsverhalten („Nur nicht auffallen!"), weil man Angst vor Sanktionen hat. Angstreaktionen wie Aggressionen sind die Folge. Das Gefühl des Ausgeliefertseins fördert anderseits auch Potentiale, die der Macht der Führungskraft als Gegenmacht der Abhängigen gegenübertreten.

Aus alledem ergibt sich:

- Die Führungskraft sollte sich davor hüten,

- ihren Machtvorsprung zu verschleiern oder zu leugnen;
- den Machtvorsprung ständig als „Überlegenheitsmerkmal" in den Vordergrund zu spielen.

- Die Führungskraft tut gut, zu ihrem Machtvorsprung zu stehen und ihn – ohne aufdringlich zu werden – transparent zu machen und für die Mitarbeiter gesprächsfähig zu bleiben.
- Wenn dies in Offenheit geschieht, kann sich hieraus ein positives Gleichgewicht von Macht und Abhängigkeit ergeben, das Aggressionen und Ängste mindert.

Die Führungskraft sollte sich – ohne auf das „Mitgefühl" der Mitarbeiterschaft anzuspielen – nicht scheuen, deutlich zu machen, daß auch sie im Regelfall – auf einer höheren Ebene – in ähnlichen objektiven und subjektiven Abhängigkeitssituationen steht wie die Mitarbeiter der eigenen Organisation. Solidarität bewirkt dies nicht, aber ein wesentlich besseres gegenseitiges Verstehen!

9.6 Die Führungspersönlichkeit

9.6.1 Die Führungsautorität

Autorität definieren wir als das soziale Ansehen, das ein Mensch bei anderen genießt und das im positivem Falle diese befähigt, der Autorität Vertrauen, Engagement und Motivation entgegenzubringen.

Idealtypisch läßt sich Autorität in drei Versionen ausmachen:

- Die *Positionsautorität* gewinnt ihr Ansehen aus der ihr rechtlich und faktisch zugeordneten Sanktionsgewalt. Zumindest tendenziell beruht die Personalautorität demnach vorwiegend auf institutionalisierter Negativmacht, sie kann also leicht angsterzeugend wirken.
- Die *Fachautorität* bezieht ihr Ansehen aus der fachlichen Kompetenz. An die Stelle der Bedrohung tritt die Wirksamkeit der argumentativen, überprüfbaren Überzeugung. Die Mitarbeiter werden auf der so wesentlichen fachlichen Ebene im hohen Maße angstfrei der kritikoffenen Fachautorität folgen.
- Die *Persönlichkeitsautorität* bezieht ihr Ansehen aus der eigenen personalen Ausstrahlungskraft. In Gestik, Mimik, in Wort und Verhalten strahlt eine solche Persönlichkeit Vertrauenswürdigkeit ebenso aus, wie sie mitreißt, sich aber auch schützend oder fordernd vor die Mitarbeiter stellt. Kurz: Persönlichkeitsautorität reißt mit.

  Eine Persönlichkeitsautorität würde – ob sie es wollte oder nicht – auch in einer kollegial arbeitenden Gruppe wieder informelle Führungskraft werden (primus inter pares).

Die Autorität von Führungskräften beruht in der Realität mehr oder minder ausgeglichen auf diesen drei Merkmalen. Führungskräfte sollten an sich arbeiten, um diese drei Autoritätselemente bei sich selbst in möglichst große Übereinstimmung zu bringen. Dies kann nicht nur gedanklich-meditativ geschehen, es muß immer wieder mit anderen trainiert werden.

9.6.2 Die Führungskraft als Rollenträger

Jede Führungskraft hat auch eine bestimmte Rolle wahrzunehmen. Die Rolle wird der Führungskraft von außen her zugeschrieben. In ausgesprochene wie nicht ausgesprochene Erwartungshaltungen muß sich die Führungskraft wesentlich eher als andere Mitarbeiter in der Organisation einpassen:

- Die Führungskraft soll in ihrem Auftreten nicht das eigene Bild von Führungskraft schauspielernd darstellen, sondern die Fähigkeit zur Individualität (Echtheit) praktizieren. Die Aufgabenwahrnehmung der Führungskraft bringt nämlich genügend „Distanzierung" mit sich, so daß das zusätzliche Führung-Spielen leicht peinlich-komischen Charakter annehmen kann.
- Die Führungskraft ist ohnehin Träger von viel vertraulichem Wissen. Gerade deshalb tut auch ihr eigenständiges Denken, das nicht ständig nach „außen" abgesichert wird, gut; es erhöht in der Regel bei Mitarbeitern auch die Glaubwürdigkeit.
- In mündlichen und schriftlichen Äußerungen muß die Führungskraft sich oft genug im Grundsätzlichen bewegen. Konkrete, praxisbezogene Meinungen werden von Mitarbeitern nicht ungern gehört, zeigen sie doch, daß die Führungskraft nicht im „Wolkenkuckucksheim" schwebt, sondern auch in Basisbezügen zu denken vermag.
- Die Führungskraft soll in Konferenzen ebenso wie bei öffentlichen Auftritten eher zurückhaltend und so objektiv wie nur möglich sein. Dabei darf sie nicht zur „grauen Maus" werden. Sie muß ein – auch für andere – kalkulierbares Profil zeigen, das in den Organisationszielen ebenso wie in der eigenen Individualität seine Begründung hat. Sie hat auch Details und konkrete Praxiswirklichkeit im Gefüge der Gesamtzusammenhänge begründet und zukunftsorientiert zuzuordnen.
- Die Führungskraft muß auch nach außen hin die Organisationsziele klar benennen können, ohne sie als sakrosankt zu erklären. Gerade weil die Ziele der Organisation ihre klientorientierte Bedeutsamkeit haben und in gesellschaftlicher Hinsicht wesentliche Funktionen abdecken, müssen sie – durch die Führungskraft – hinterfragt und auf

denkbare Korrekturen hin diskutiert werden können. Innovationsnotwendigkeiten dürfen auf keinen Fall zum Tabu für Führungskräfte werden.

Diese Hinweise auf die Rolle der Führungspersönlichkeit genügen vielleicht schon, um deutlich zu machen, welche Fähigkeiten erforderlich sind und welche Entsagungen erwartet werden. Es ist möglicherweise auch das Problem deutlich geworden, daß Situationen eintreten können, in denen die Führungskraft Rollenverhalten durchbrechen muß, wenn dies die eigene Wertwirklichkeit verlangt. Es bleibt also eine ständige Gewissensfrage, wann jener Zeitpunkt gekommen ist und auf welche Weise dann der Rollenausbruch erfolgt und wie er nachvollziehbar anschließend begründet wird.

9.6.3 Die Führungskraft im Bewerbergespräch

Bei einem Bewerbergespräch sind zunächst Lebenslauf, Bildungsgang, Zeugnisse und Bescheinigungen über besondere Daten der Leitungskraft bekannt. Schon hieraus ergibt sich die Zielsetzung für das Gespräch:

Es geht – in relativ kurzer Zeit – um einen möglichst intensiveren persönlichen Eindruck zwischen *beiden* Gesprächspartnern, durch den formal Berufliches abgerundet und ergänzt wird. Für den Gesprächsgang ergeben sich daraus folgende Leitlinien:

- Das Gespräch sollte in behaglich-ungezwungener – allerdings nicht kumpelhafter – Weise stattfinden.
- Die Führungskraft soll das Gespräch durch offene Fragen bzw. Denkanstöße in Bewegung setzen und halten:
  - „Was reizt Sie eigentlich ganz persönlich an der möglicherweise neuen Aufgabe?"
  - „Welche Entwicklungsvorschläge für Ihr denkbares Arbeitsfeld können Sie sich vorstellen?"
  - „Bisweilen brauche ich von Mitarbeitern erhebliche Widersprüche, um mich nicht zu verrennen ..."
  - „Heutzutage, denke ich, muß jeder von uns berufliche und persönliche Sphäre voneinander trennen. Ich habe den Eindruck, daß manche Mitarbeiter sich etwas schwer tun ..."

Gleich, ob Frage oder locker entwickelter Gedankengang, der Bewerber bekommt so zwei Chancen:

- Er lernt den – möglicherweise – neuen Chef wenigstens partiell in dessen Gedankengängen kennen.
- Er muß sich nicht eingeengt, penälerhaft äußern, er kann vielmehr eigene Gedanken- und Antwortschwerpunkte entwerfen.

Führungskraft und Bewerber treffen sich – soweit das situativ überhaupt möglich ist – nicht auf den ausgefahrenen Gleisen von oben nach unten. Sie geben Chancen des partnerschaftlichen Austausches und nehmen sie auf ihre Weise reagierend wahr.

9.6.4 Die Führungskraft und das Motivationsgespräch

Zunächst sei definiert, was die Verfasser unter dem oft gebrauchten Begriff der Motivation verstehen:

- Anregung und Entfaltung der in dem Mitarbeiter – tatsächlich – vorhandenen Kräfte und Befähigungen.
- Bewegen dieser Kräfte und Befähigungen für das Erreichen der Ziele der Organisation, d. h.: Kompetenzbeweis am Arbeitsplatz, Erfüllung der gestellten Aufgaben.

Mit dieser Definition ist zugleich die Zielvorgabe für die Führungskraft beim Motivationsgespräch gegeben.

Ein Motivationsgespräch darf unter keinen Umständen Versagenssituationen, Leistungsabfall und andere Negativbereiche des Mitarbeiters zum Inhalt haben. Mit anderen Worten: das Motivationsgespräch stellt auf die positiven Kräfte des Mitarbeiters ab. Etwa so:

„Frau Berger, ich bewundere an Ihnen immer wieder, wie aufmerksam Sie bei dem Entdecken von Fehlerquellen ‚en detail' in Ihrem und den benachbarten Sachbereichen sind. Dieser Blick, den Sie da haben, geht uns merklich ab. Vermutlich ahnen Sie, wie wichtig mir allein schon in diesem Teilbereich Ihre aktive Mitarbeit ist. Ich möchte Sie gerade in dieser Angelegenheit immer mehr gewinnen. Falls Sie noch einige Verbesserungen am Arbeitsplatz hierfür benötigen, teilen Sie mir dies doch bitte mit."

Wesentlich im Motivationsgespräch ist freilich:

- Es muß argumentativ redlich geführt sein;
- es darf sich im Wort allein nicht erschöpfen;
- es muß als glaubwürdig auf die Gemeinsamkeit des Handelns bezogen erkannt werden können.

Wichtig für jedes Motivationsgespräch ist es, sich daran zu erinnern, daß verabreichte Negativbewertung in der Regel das Gegenteil von Motivation bewirkt.

Mancher Leser wird sich beispielsweise an die verheerenden Folgen von Fünfen und Sechsen in der Schulzeit erinnern. Bestenfalls unter Zähneknirschen haben sie etwas in Gang gesetzt. Die Note Eins und Zwei, Lob für spezielle Leistungen haben meist gerade nicht zur Faulheit oder zum Hochmut geführt, sie waren vielmehr Ansporn zu weiterer, neuer Anstrengung und Leistung. Gerade im Bereich der Motivation aber sind – wie die Alltagserfahrung lehrt – das Verhalten von Kindern und das von Erwachsenen einander sehr ähnlich.

9.6.5 Die Führungskraft als Konfliktregler

Konflikte zwischen Mitarbeitern bzw. Mitarbeitergruppen in Organisationen sind meist sach- und/oder personenbedingt.

– *Beispiele* für *sachbedingte* Konfliktmöglichkeiten:
  Es stellt sich heraus, daß unklare Zielvorgaben miteinander ausgehandelt wurden:
  a) Zu bestimmten Sachverhalten ergeben sich unklare Kompetenzregelungen zwischen mehreren Mitarbeitern.
  b) Es kommt bei einer neuen Situation zu Aufgabenüberschneidungen zwischen zwei Mitarbeitern.
  c) Fachliche Schwierigkeiten auch bei der Aufgabenbewältigung eines Mitarbeiters treten auf.
– *Beispiele* für *personenbedingte* Konfliktmöglichkeiten:
  Zwischen mehreren Mitarbeitern tritt Antipathie offen zutage.
  a) Rivalitätskämpfe zwischen verschiedenen Arbeitsgruppen treten auf.
  b) Mangelnde Arbeitszufriedenheit in einer Abteilung beginnt sich auf die Gesamtorganisation auszuwirken.

Je weniger eindeutig die Sachverhalte geregelt sind, desto leichter werden sich die in jeder Mitarbeitergruppe latent vorhandenen emotionalen Spannungen entwickeln können.

Hierfür ein *Beispiel:* Der Mitarbeiter A. verwehrt dem Häftling X. eine Bitte. Der Mitarbeiter B. gewährt wenig später dem Häftling X. diese Bitte. Darüber geraten A. und B. in Streit. Der Vorgesetzte C. wird hinzugezogen. C. ist sehr partnerschaftlich eingestellt; deshalb läßt er sich mit A. und B. auf einen gemeinsamen Konfliktlösungsversuch ein, wobei er selbst die Rolle eines möglichst wenig eingreifenden „Moderators" übernimmt. Allerdings läßt C. sich auf die rein sachliche Konfliktregelung ein: „Wer hat sich richtig verhalten?"

Da C. emotionale Beziehungsstörungen zwischen A. und B. „übersieht" und tüchtig „mitrationalisiert", kann es bestenfalls zu einer zeitlich befristeten Konfliktregelung zwischen A. und B. kommen. C. hat während dieses Gespräches gar nicht daran gedacht, daß A. und B. auch über ihre (gestörte) Beziehungsebene sprechen müßten.

Solche Konfliktsituationen sind vor allem in solchen Organisationen und deren Untergruppen häufig gegeben, in denen die Mitarbeiter auf „engem Raum" zusammenarbeiten müssen.

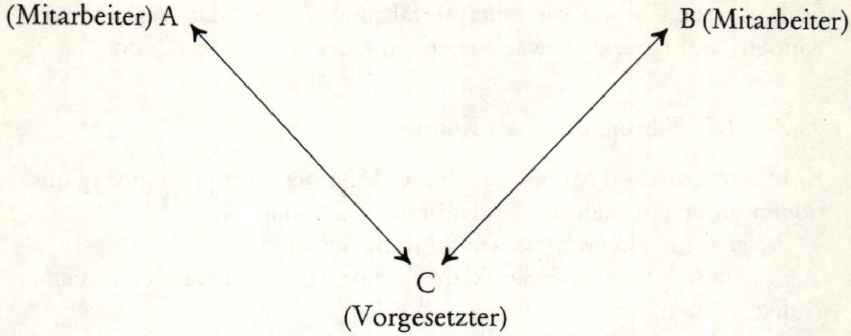

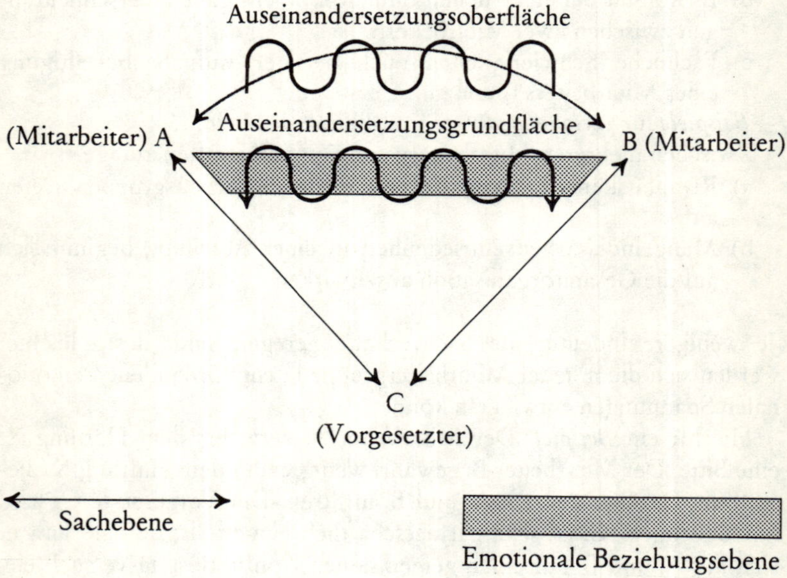

Will die Führungskraft nicht ständig nur an oberflächlichen Konfliktregelungen herumarbeiten, tut sie gut daran,

- mit der Konfliktgruppe eine systematische Konfliktsituationsanalyse zu erarbeiten.
- Daran muß sich die Konfliktsituationsdiagnose (Ursachenermittlung) anschließen. Hierbei wird im Regelfall durch die Gruppe selbst erarbeitet, daß sich hinter dem Oberflächenkonflikt emotionale Beziehungsstörungen verbergen können.
- Bei der gemeinsamen Suche nach möglichst guten Lösungen wird den

Mitarbeitern und der Führungskraft häufig deutlich werden, daß die Beziehungsebenen untereinander verbessert werden müssen, um zu generellen Konfliktminderungen zu gelangen.
Unter Umständen kann die Gruppe nunmehr die Lösung ansteuern, auf Zeit unter einer bestimmten Aufgabenstellung – ohne die Führungskraft, aber eventuell unter Anleitung eines Beraters (z. B. Psychologen, Sozialarbeiters, Pfarrers) – echte Konfliktlösungen zu erarbeiten.

9.6.6 Regeln für die Führungskraft

- Die Wahl des Führungsstils ist die Entscheidung über
  - den Grund der Beteiligung,
  - die Aufgabenbeziehung,
  - die persönlichen Beziehungen.
- Die Wahl des Führungsstils ist mit abhängig von der Organisationsstruktur, von der Aufgabenstruktur, von der Qualifikation der Mitarbeiter, von den Eigenschaften der Führungskraft.
- Die Anpassung des Führungsstils an die Führungssituation bestimmt die Effektivität der Führung.
- Der Führungsstil ist
  - den Erwartungen der Mitarbeiter und
  - dem Organisationsklima

  angepaßt.
- Bei einer Tendenz zu stärkerer Beteiligung der Mitarbeiter an Entscheidungen entwickelt der Mitarbeiter eine positive Einstellung zu seiner Aufgabe.
- Der Grad der Beteiligung bestimmt auch die Aufgabenbeziehungen und die persönlichen Beziehungen zwischen Führungskraft und Mitarbeitern.

9.7 Arbeitshilfen

Nach den allgemeinen Aussagen zum Problembereich Führung werden einige Arbeitshilfen für die praktische Verwirklichung von Arbeitsaufgaben angefügt.[22]

Wie geschieht Mitarbeitermotivierung durch Vorgesetzte?

Der Mitarbeitermotivierungstheorie liegen zwei unterschiedliche Grundannahmen über die Arbeitsmotivierung zugrunde (Theorie X und Y):

[22] Vgl. B. Scanlan: Erfolgreiche Mitarbeitermotivierung. München 1973, S. 25 ff.

Annahmen

Theorie X	*Theorie Y*
1. Dem Durchschnittsmenschen ist eine Abneigung gegenüber der Arbeit angeboren, und er versucht, Arbeit zu vermeiden, wo immer er dazu in der Lage ist.	1. Sich physisch oder geistig anzustrengen ist dem Menschen ebenso eigen wie der Spieltrieb. Darüber hinaus kann die Arbeit sowohl Befriedigung als auch Enttäuschung hervorrufen.
2. Als Folge der Abneigung gegenüber der Arbeit muß der Mensch gezwungen, kontrolliert, ausgerichtet, bedroht und bestraft werden, um diejenige Leistung zu erbringen, die zur Erfüllung der unternehmerischen Ziele erbracht werden muß, da nicht einmal das Versprechen einer Entlohnung hierfür ausreicht.	2. Äußere Kontrolle und Androhung von Strafen sind allein nicht ausreichend, um einen Menschen dazu zu veranlassen, bestimmte Ziele zu erreichen. Der Mensch zieht es vor, innerhalb des Zielsystems, mit dem er sich identifiziert, Eigenverantwortung und ein bestimmtes Maß an Selbstkontrolle zu übernehmen.
3. Der Durchschnittsmensch zieht es vor, angeleitet zu werden; er versucht Verantwortung abzuwälzen, entwickelt wenig Ehrgeiz, verlangt nach Sicherheit und möchte sich vor allem wie die Mehrheit der Menschen verhalten.	3. Unter normalen Bedingungen akzeptiert der Mensch nicht nur Verantwortung, sondern er sucht sie sogar; Scheu vor Verantwortung, Mangel an Ehrgeiz und vorherrschendes Sicherheitsdenken sind Folgen der Erfahrung, nicht jedoch charakteristisch für den Menschen.
	4. Einfallsreichtum und Kreativität finden sich unter den Menschen weit mehr als zunächst vermutet.
	5. Die intellektuellen Fähigkeiten des Durchschnittsmenschen werden nur teilweise genutzt.

Folgerungen

Theorie X	*Theorie Y*
1. Das zentrale Führungsprinzip besteht aus Anleitung und Kontrolle, die nur mit Autorität durchgesetzt werden können.	1. Das zentrale Prinzip heißt Integration: d.h. Schaffung solcher Bedingungen, unter denen die Mitglieder der Organisation ihre eigenen Anstrengungen so ausrichten, daß sie ihre eigenen Ziele im Rahmen der Gesamtleistung des Unternehmens erreichen können.
2. Die organisatorischen Erfordernisse nehmen keine Rücksicht auf die Bedürfnisse der Organisierten. Für die gebotene Belohnung akzeptiert der Mensch Autorität und Kontrolle.	2. Das Unternehmen wird in dem Maße leistungsfähiger, in dem die persönlichen Wünsche und Ziele seiner Mitarbeiter mit berücksichtigt werden.

Welche der beiden Theorien die Führungskraft eher akzeptiert, ist ein wesentlicher Hinweis dafür, für welche Führungskonzeption und für welch eigenes Führungsverhalten sie sich entscheiden bzw. zu gewinnen sein wird. Wer von der Emanzipationsfähigkeit und Entwicklungsmöglichkeit des Menschen ausgeht, wird sich auf den Boden der Grundannahmen der Theorie Y stellen. Es wird im folgenden darauf einzugehen sein, was das im Hinblick auf ein Verhalten, das die Mitarbeiter motiviert, für Konsequenzen hat. Derartigem Verhalten muß unbedingt die Kenntnis der Bedürfnishierarchie zugrunde liegen, da deren Berücksichtigung auch zur Mitarbeiterbefriedigung führt:

Maslowsche Bedürfnishierarchie
Der Sozialpsychologe Maslow hat ausgesagt, daß die Bedürfnisse des Menschen einer bestimmten Rangordnung unterstehen. Von unten nach oben baut sich die Pyramide der Bedürfnisse wie folgt auf:

1. Befriedigung der physiologischen Bedürfnisse: Hunger, Durst, bauliche Geborgenheit usw.
2. Befriedigung des Sicherheitsbedürfnisses:
   a) nach physischer Sicherheit,
   b) nach ökonomischer Sicherheit.
3. Befriedigung des sozialen Bedürfnisses: Gruppenzugehörigkeit, Organisationsintegration.
4. Befriedigung der psychologischen Bedürfnisse, wie Prestige, Selbstachtung, Statusanerkennung.
5. Befriedigung der Bedürfnisse nach Selbsterfüllung, Selbstbestimmung, Erlangung von Autonomie usw.

Wer diese Bedürfnishierarchie beachtet, wird z. B. beim Versagen eines Mitarbeiters nicht nur kritisch die Fakten auf den Tisch legen, sondern er wird darum bemüht sein, herauszubekommen, ob möglicherweise bereits vorgeordnete Bedürfnisse bei dem betreffenden Mitarbeiter nicht in hinreichender Weise befriedigt wurden, um so auf den eigentlichen Ursachengrund vorzustoßen und gemeinsam mit dem Mitarbeiter, dort aufbauend, nach entsprechenden Einstellungs- und Verhaltensalternativen zu suchen.

Was motiviert nun Mitarbeiter, in Organisationen „mitzutun" und sich mit allen Kräften in den Dienst der Sache – der gemeinsamen Sache – zu stellen?

Zur Beachtung!

- Zeigen Sie dem Mitarbeiter seine eigentliche – spezifische – Aufstellung innerhalb der Organisationsstruktur!

- Sagen (vereinbaren) Sie (mit) ihrem Mitarbeiter eindeutig, was von ihm erwartet wird!
- Machen Sie dem Mitarbeiter immer wieder und persönlich deutlich, warum seine Arbeit wichtig ist!
- Machen Sie dem Mitarbeiter die Bedeutung seiner eigentlichen Position im Rahmen der Gesamtorganisation deutlich!
- Delegieren Sie so viel Aufgaben, wie Sie nur können!
- Fördern Sie dort Ihre Mitarbeiter, wo deren unzweifelhafte Stärken liegen!
- Loben und anerkennen Sie Mitarbeiter für gute Leistungen, und übersehen Sie lieber einmal Leistungsversagen!
- Scheuen Sie sich nicht, Ihrem Mitarbeiter optimale Mitspracherechte einzuräumen! Ihre eigenen Entscheidungen werden dadurch ebenso verbessert, Ihr Informationsstand erhöht sich qualitativ, Ihre Autorität findet Anerkennung.
- Setzen Sie sich für angemessene Aufstiegsmöglichkeiten Ihrer Mitarbeiter ein!
- Ermöglichen Sie gute Kommunikationsmöglichkeiten für Ihre Mitarbeiter!
- Zeigen Sie immer wieder wirkliche Anteilnahme an den persönlichen Problemen Ihrer Mitarbeiter, aber mischen Sie sich nicht in deren persönliche Probleme ein!

So kann jede Führungskraft in ganz konkreten Begegnungssituationen Mitarbeiter zur Arbeitsbejahung und -freude stimulieren. Abschließend sei angemerkt: Wir gehen davon aus, daß – wenigstens grundsätzlich – herkömmliche Führungstechniken wie Sanktionierung, Demütigung, ständiger Fehlernachweis, Schnüffelei usw. nicht geeignet sind, die Erreichung von Organisationszielen und die Verwirklichung von Mitarbeiterbedürfnissen in Einklang zu bringen, daß diese kein Führungsverhalten darstellen.

Es hätte den Rahmen dieser Arbeit gesprengt bzw. bei gebotener Kürze zu unzulässiger Vereinfachung geführt, weitere wichtige Führungsqualitäten zu behandeln. Eine Führungskraft – und dies gilt besonders für die hier zur Diskussion stehenden (sozialen) Organisationen – muß durch systematische Fortbildung, nicht durch Buchwissen, sondern allein durch sozialpraktisches Training befähigt werden:

- zur Vorbereitung, Durchführung und Auswertung von Mitarbeiterbesprechungen und -konferenzen;
- zur Vertretung der Organisation nach außen und innen (Selbst-/Fremdwahrnehmung);
- zur Konfliktregelung in der Organisation;

- zur Durchführung des Einstellungsverfahrens (Einstellungsgesprächs);
- zum Umgang mit Aufsichtsgremien und anderen Kontrollinstanzen;
- zum Umgang mit sich selbst.

Wir konnten Strukturprobleme und bestimmte Führungsphänomene aufzeigen. Den wesentlichen Rest muß lebende Wirklichkeit besorgen, wenn Führungskräfte Verändern lernen sollen.

Auch Führungskräfte lernen nie aus!

Rückfragen

Welche Führungsstile sind beschrieben worden, und welche Bedeutung haben sie?

Was für Führungskonzeptionen sind Ihnen bekannt?

Welche Formen der Autorität kennen Sie? Welche davon halten Sie für eine Führungskraft für am wichtigsten?

Definieren Sie den Unterschied zwischen Macht und Rolle der Führungskraft in einer Organisation!

Welche zentralen Führungsaufgaben sind Ihnen bekannt?

10 Erfolgskontrolle

Kann man eigentlich den Erfolg sozialen Tuns messen? Ist es möglich, eine Art Erfolgskontrolle durchzuführen, und wenn ja, wie und auf welche Weise? Wir vertreten die Meinung, daß Erfolg sozialer Arbeit oder sozialpädagogischen Tuns meßbar sein muß. Gewichtung und Messung sozialen Tuns oder Erfolgskontrolle sozialen Tuns lassen sich umfassend beschreiben als:

„Sicherstellung, daß Unternehmungen (Aktivitäten) trotz möglicher Störungen zur Erreichung der gesteckten Ziele führen.“[23]

Eine wirksame Kontrolle basiert auf:

- einer präzisen Zielsetzung und Planung, damit Abweichungen sofort festgestellt werden können – also: auf einer klaren Zielvereinbarung;
- einer klaren Regelung der Kompetenzen und Verantwortung;
- einem wirksamen Informationssystem, so daß die Kontrollresultate rechtzeitig und in der richtigen Form bei den zuständigen Stellen der Organisation ankommen.[24]

Sicher ist die Frage zu diskutieren, ob beim sozialen Tun, also bei der Versorgung eines alten Menschen, bei der Versorgung eines Kranken, bei der Erziehungshilfe für einen Verhaltensgestörten oder bei der Sorge für Behinderte, immer eine klare Vereinbarung darüber erfolgen kann:
Was wollen wir miteinander erreichen (welche Ziele wollen wir anpeilen)?
Welche Möglichkeiten des selbständigen Handelns müssen gegeben sein?
Wer muß mit wem zusammenwirken, damit die Arbeit des einzelnen effektiv, d.h. erfolgbringend wird?

Es lassen sich folgende *Phasen einer Kontrolle* sozialen Tuns festlegen:

Phase 1: Festlegung: *Was* wollen wir erreichen und wozu? Was erfassen wir, um daran kontrollieren zu können, ob wir uns dem Ziel annähern?

Phase 2: *Wie* erfassen wir das, was wir in Erfahrung bringen wollen? (Festlegung des Meßverfahrens)

Phase 3: *Wann,* wo, bei wem, woran wird kontrolliert? (Festlegung des Kontrollvorgangs)

Wir behaupten: Es gibt *Instrumentarien der Erfolgskontrolle,* und wir

[23] W. Hill/u.a.: Organisationslehre 2. UTB Bern/Stuttgart 1981, S. 553.
[24] Vgl. ebenda.

haben bereits vier Instrumente zur zielorientierten und sachbezogenen Erfolgskontrolle sozialen Tuns in Organisationen vorgestellt:

10.1 Die Stellenbeschreibung

Gemeinsam zu erarbeiten sind Stellenbeschreibungen, in denen die Aufgaben und Kompetenzen der Stellen zielbezogen, möglichst genau definiert und organisationsbezogen geregelt sind: Die einzelnen Stelleninhaber wissen, in welchen Zeitabständen und Rahmenregelungen gemeinsame Erfolgskontrolle vorgenommen wird.

Es ist deshalb wichtig, festzulegen, inwieweit diese Erfolgskontrolle mit oder ohne Beteiligung aller Mitarbeiter erfolgt. Es muß in diesem Zusammenhang die Frage erörtert werden, ob zielorientierte Kontrolle in der Organisation nur auf der horizontalen Hierarchieebene, von „oben" nach „unten" erfolgt oder ob es nicht in wesentlichen Problembereichen ebenso angebracht ist, Erfolgskontrolle von „unten" nach „oben" festzulegen.

10.2 Der Zielstufenplan

Bei jeder Art von sozialem Tun werden bestimmte Ziele verfolgt. Diese Ziele werden oft genannt, sind aber meist *Grundsatzziele*, d.h. Ziele, die zeitlos gültig sind und immer nur in Annäherungswerten erreicht werden können. (Zum Beispiel: Fähigkeit des behinderten X., sich selbst anziehen und pünktlich zur Arbeit zu gehen.)

In welche *Teilziele* können wir unser Ergebnisziel zerlegen?
(Für unser Beispiel:
TZ 1: Rechtzeitiges Aufstehen nach Läuten des Weckers,
TZ 2: Waschen,
TZ 3: Anziehen,
TZ 4: Kaffeetrinken,
TZ 5: Zur-Arbeit-Gehen,
TZ 6: Leistungsmotiviert-Sein.)

Welche *Bedingungen* (nach Dimensionen, also Bereichen ausformuliert) müssen für die Teilziele verwirklicht sein?
(Für unser Beispiel:
für TZ 1: Ein Wecker muß zur Verfügung stehen.
für TZ 2: Das Waschen muß an einem übersichtlich geordneten Waschtisch ermöglicht werden.
für TZ 3: Das Anziehen wird erleichtert, wenn man die Kleider und al-

les, was dazu gehört, ordnungsgemäß an einer Stelle abgelegt hat und dort auch wiederfindet usw.)

Welche *Mittel* müssen zur Realisierung dieser Bedingungen eingesetzt werden?

Man kann/soll Verstärker, das heißt Maßnahmen, die zur Erreichung eines kleinen Teilzieles helfen, benutzen: Punkte werden vergeben; für soundsoviele Punkte kann etwas zum Rauchen erstanden werden.

Nach dieser Wiederholung zweier schon bekannter Vorgehensweisen nennen wir zwei weitere Instrumente der Erfolgskontrolle:

10.3 Meßziffern

Auch Meßziffern sind in der Alltagspraxis ein mögliches Mittel zur Kontrolle von Aufgabenerfolg.

Meßziffern sind *quantitative harte Datenwerte* zu einem bestimmten Problemkreis.

Beispiele für Meßziffern:

- Der Pflegekostensatz für das Heim X. beträgt bis zum 31.12. d.J. 80,00 DM.
- Auf 20 Kinder ist die Stelle für 1 Heilpädagogen nach BAT IV a zulässig.
- Der Tagessatz für Verpflegung beträgt 14,00 DM.

10.4 Indikatoren

Indikatoren geben ebenfalls Möglichkeiten zur erfolgsorientierten Kontrolle in Organisationen.

Indikatoren sind qualitative verdichtete Annäherungswerte (+/−), durch die erfolgreiches Handeln auch in der Sozialarbeit bestimmt werden kann.

Beispiel 1: Verhaltensstörung

Indikatoren:

- disharmonische Reife;
- mangelnde Reizkontrolle in Verbindung mit Aggression bzw. Regressionsverhalten;
- Unfähigkeit, sich an Normen von Einrichtungen (Schule, Berufsausbildungsstätte) anzupassen;
- unterentwickelte Fähigkeit, sich in einer Lebensgemeinschaft so zu verhalten, daß die Rechte des anderen ebenso geschützt werden, wie eigene Rechte in Anspruch genommen werden usw.

Je genauer die Indikatoren beschrieben sind, je unmißverständlicher sie formuliert sind, desto besser läßt sich die Kontrolle an ihnen durchführen.

Beispiel 2: Zielorientierte Organisation
Indikatoren:
- Vorhandensein von operationalisierten Zielsystemen;
- zielzentrierte Stellenbeschreibungen;
- zielorientierte Erfolgskontrolle.

Beispiel 3: Sozialisationserfolg
Indikatoren:
- Abschluß der Hauptschule;
- Abschluß einer Lehrausbildung;
- 2 Jahre berufliche Tätigkeit;
- selbständiger Umgang mit Monatslohn;
- subjektiv befriedigende Freizeitgestaltung.

Gerade in dem großen Feld der Sozialarbeit wird es in Zukunft sehr wichtig sein, zu einem realistischen und systematisierten Instrumentarium von Indikatoren zu kommen.

Nochmals: Was sind Indikatoren?

Antwort: Meßgrößen für menschliches Verhalten und soziale Phänomene.

Wozu brauchen wir Indikatoren?
Zur Gewinnung von Informationen über
- den Grad der Zielerreichung (Wirkung),
- die Wirksamkeit (Verhältnis von Zielerreichung und Mitteleinsatz = Effizienz).

Wo setzen wir Indikatoren ein?
Bei den Funktionen:
- Entscheiden,
- Planen und Organisieren,
- Führen und Kontrollieren.

Was aber ist eigentlich Erfolg?

Ist Erfolg etwas Relatives?

Ist Erfolg schon, wenn ich einen Behinderten dazu bringe, mit dem Löffel seinen Mund zu finden (etwa beim authistisch Kranken)? Oder ist Erfolg, wenn ich ihn soweit bringe, daß er sich das Essen selbst zubereiten kann?

Die Erfolgsmessung ist wesentlich von der Zielvereinbarung abhängig und die Zielvereinbarung wieder davon, was man glaubt, mit anderen Menschen erreichen zu müssen/zu können/zu sollen.

Und hier stoßen wir auf die Frage des *Werthintergrundes.* Als was sehen wir den Menschen? Wozu „wollen wir ihn" bringen, wozu wollen wir ihm helfen, was ist der Sinn unserer Hilfe? Hier begänne ein neues Gespräch – ein neues Buch über gesamtmenschliche und wertorientierte Probleme. Sein Inhalt überschritte bei weitem das, was wir als Hilfe für die soziale Praxis bieten wollten.

Rückfragen

Was sind Meßziffern?

Was sind Indikatoren?

Wie definieren Sie zielorientierte Erfolgskontrolle?

Wodurch unterscheidet sich demnach die Erfolgskontrolle von herkömmlicher Kontrolle in Organisationen?

Wie würden Sie in einer Organisation, die Sie zu leiten hätten, ein Kontrollsystem aufbauen?

11 Training für Sozialmanagement

Die von uns gewählte Einführung in Methoden des Sozialmanagements ist zunächst ein Versuch, Mitarbeiter aus Organisationen der Jugend-, Sozial- und Straffälligenhilfe zu einem besseren Verständnis organisatorischer Probleme und zu lösungsorientiertem Handeln auf Leitungs-, Abteilungs- und Durchführungsebene zu befähigen. Die Lektüre allein oder auch die Verarbeitung des angebotenen Stoffes vermag zwar anzuregen, reicht aber nicht aus, eigene Praxiswirklichkeit entsprechend weiterzuentwickeln. Wie jedes berufliche Handeln erfordert auch das Sozialmanagement neben notwendigem Wissen das in der Praxis erworbene Können. Können aber ist das Resultat fortwährenden Übens, das durch qualifizierte Fortbildung angeregt und in der Arbeit in Gruppen selbstkritisch verinnerlicht werden muß.

Die Idee eines Trainings für Sozialmanagement lag längst auf der Hand. In ersten Schritten wurde mit der Vorbereitung dazu vor zwölf Jahren begonnen. Zusammen mit der Gesellschaft für Methoden Systematischer Entscheidungsfindung (MSE), Stuttgart, hat die Diakonische Akademie die Abschnitte Zielfindung, Problemlösung und Entscheidungsanalyse auf den Bereich Sozialhilfe hin entwickelt. Die übrigen Managementbereiche sind sowohl praxis- wie theorieorientiert in ihrer jetzigen Form von der Diakonischen Akademie erarbeitet worden.

Der Akademiekurs „Sozialmanagement im Baukastensystem", der im Zeitraum von drei Jahren in 30 Seminartagen absolviert werden kann, besteht aus 9 Seminaren. Die Themen der Seminare sind dem nachfolgenden Schaubild zu entnehmen.

Die Qualifikation zum Trainer für Sozialmanagement ergibt sich aus der Absolvenz dieses Akademiekurses und der Einübung des Kursteilnehmers in die Umsetzung des Erlernten durch aktive Beteiligung an Anwenderseminaren.

Was kann einem Teilnehmer eine solche Fortbildung praktisch bringen?

Der Superintendent eines Sprengels in Norddeutschland schrieb dazu im Zusammenhang mit der Vorbereitung einer Fortbildungsveranstaltung in seinem Bereich (Anwenderseminar) an seine Kirchenleitung:

„Was die Diakonische Akademie bewog, ein Instrumentarium unter dem Vorzeichen ‚Sozialmanagement' zu erarbeiten, war die Erfahrung in Kirche und Diakonie, daß das Entscheiden, Planen, Organisieren,

Themen der Seminare „Sozialmanagement im Baukastensystem"

Produktive Teamarbeit		
Methoden systematischer Zielfindung (1)	Methoden der Organisationsanalyse und Entwicklung (I) von Aufbauorganisationen (4)	Methoden zur Entwicklung von Führungskonzeptionen u. Führungsverhalten (7)
Kommunikationsübung		
Produktive Teamarbeit		
Methoden systematischer Problemlösung (2)	Methoden der Organisationsanalyse und Entwicklung (II) von Ablauforganisationen und Arbeitsplatzbeschreibungen (5)	Methoden der Erfolgskontrolle (8)
Kommunikationsübung		
Produktive Teamarbeit		
Vertiefungs- u. Anwendungskurs Zielfindung, Problemlösung u. Entscheidungsanalyse (3)	Methoden der Planung (6)	Projektplanung mit dem Gesamtinstrumentarium, Sozialmanagement (9)
Kommunikationsübung		

Meditation

Führen oder Kontrollieren in Gruppen sehr schwer fällt und daß das notwendige Management oft sehr unsystematisch und wenig ermutigend erfolgt. Die Sozialmanagementkurse versuchen auf dem Hintergrund des christlichen Menschenbildes, das den Menschen nicht auf seine Effektivität reduziert, ein Management ‚by participation' einzuüben, das die Mitarbeiter einer kirchlichen Institution nicht nur als ‚Brüder' deklariert, sondern ihnen durch methodische Strenge und Klarheit alle Chancen der Mitbeteiligung und Mitverantwortung eröffnet.

Nach meinen bisherigen Erfahrungen liegen die Vorteile der in Stuttgart praktizierten Methoden für mich in folgendem:

a) Es wird kaum doziert, sondern überwiegend in Kleingruppen geübt.
b) Es finden keine theoretischen Sandkastenspiele statt, sondern es werden die Berufsprobleme der Kursteilnehmer als Beispiele für methodisches Vorgehen verwandt.
c) Es wird zumindest versucht, Training und Methode in Grundfragen christlicher Lebensgestaltung und Frömmigkeit einzubetten.
d) Die Sprachregelung zwischen unterschiedlichen Berufsgruppen und die Möglichkeiten der Kooperation werden durch die bunte Zusammensetzung der Kurse (Sozialarbeiter, Diplompädagogen, Krankenschwestern, Diakone, Volkswirte, Juristen, Theologen u. a.) angebahnt.

In den ersten Jahren meiner ephoralen Tätigkeit habe ich folgende Klagen immer wieder bei Pastoren gehört:

a) Ich habe keine Zeit.
b) Die Verwaltungsarbeit belastet mich zu sehr.
c) Ich weiß nicht, wie ich in der Fülle der Aufgaben zu klaren Zielsetzungen und Prioritäten komme.

Hinzu kommen noch folgende Beobachtungen:

a) Die leitenden Mitarbeiter im Kirchenkreisamt sind weder für Mitarbeiterführung noch für Entscheidungs- und Planungsprozesse ausgebildet.
b) Auch bei gruppendynamisch erfahrenen Pastoren leiden Teamgespräche, Konferenzen und Mitarbeiterbesprechungen an Methodenunsicherheit, mangelnden Zielvorstellungen und ungenügender Vorbereitung.

Ich habe den derzeitigen Vorsitzenden der Fortbildungskonferenz unserer Landeskirche darauf aufmerksam gemacht, daß ich, was die vorstehenden Symptome betrifft, ein Defizit im Fortbildungsangebot unserer Landeskirche entdecke.“[25]

Aufgrund unserer jahrelangen Fortbildungstätigkeit im Bereich des Sozialmanagements, aber auch durch Erfahrungen, die wir in Gesprächen mit Organisationen gesammelt haben, sind wir uns bewußt, daß dieses Buch für den Leser nicht mehr – aber auch nicht weniger – als eine Einführung in das Sozialmanagement sein kann. In einer Einführung

[25] Theodor Schober (Hrsg.): Haushalterschaft als Bewährung christlichen Glaubens. Verlagswerk der Diakonie GmbH, Stuttgart 1981, S. 296 f.

wird der kritische Leser manches verkürzt, vielleicht sogar oberflächlich dargestellt oder zu idealtypisch beschrieben erleben.

Uns ist wichtig, daß der Leser durch diese Lektüre in Erfahrung bringt:

- Es gibt Möglichkeiten, Organisationen der Jugend-, Sozial- und Straffälligenhilfe so zu gestalten, daß die Organisation wieder für ihre Mitarbeiter und deren Klientel wirksam wird – und nicht umgekehrt.
- Organisationen sind Systeme, in denen Emotionalität, Rationalität, Kommunikation und Arbeitsabläufe durch ein gemeinsames methodisches Arbeiten (know how) zur gemeinsamen Zielerreichung führen.
- Das Geschehen gerade auch in sozialen Organisationen kann alternatives Handeln und menschliche Kreativität zulassen.

Schließlich war uns wichtig, Theorie und Praxis des Sozialmanagements in eine enge Verbindung zu bringen, weil nur so zukunftsweisend in Zeiten zunehmender Geldmittelverknappung mit dem notwendigen Optimismus soziale Arbeit für Menschen in besonderen ökonomischen und psychosozialen Notlagen geleistet werden kann.

Literaturverzeichnis

Arbeitsgemeinschaft für Frauenseelsorge Bayern: Das Thema, Heft 12/13/1973: Impulse zur Meditation.
Bach, G./Wyden, P.: Streiten verbindet. Gütersloh 1970.
Beer, U./Erl, W.: Entfaltung der Kreativität. Tübingen 1972.
Bennis, W.G./u.a. (Hrsg.): Änderung des Sozialverhaltens. Stuttgart 1975.
Bleicher, K.: Unternehmensentwicklung und organisatorische Gestaltung. Stuttgart/New York 1979.
Bronner, R.: Planung und Entscheidung. München 1989.
Bundesverband junger Unternehmer (BJU) (Hrsg.): Heute für morgen Initiative mobilisieren. Ein Leitfaden der Organisationsentwicklung. Bonn-Bad Godesberg 1978.
Bormann, H./u.a.: Die neuen Techniken der Kommunikation. München 1974.
Cooper, J.D.: Zeit gewinnen – mehr schaffen. München 1973.
Churchman, C.W.: Systemanalyse. München 1974.
Dutschke, R.: Mein langer Marsch. Reinbek 1980.
Elsässer, F.: Einführung in die Netzplantechnik. München 1973.
Freese, E.: Grundlage der Organisation. Wiesbaden 1986.
French, W.L./Bell, C.H. jr.: Organisationsentwicklung. Bern/Stuttgart 1977.
Fulme, B./u.a.: Verbundsystem in der Heimerziehung. Frankfurt a.M. 1979.
Gehmacher, E.: Psychologie und Soziologie der Umweltplanung. Freiburg i.Br. 1973.
Glasl, F.: Konfliktmanagement. Diagnose und Behandlung von Konflikten in Organisationen. Bern/Stuttgart 1980.
Goossens, F.: Management-Techniken. München 1973.
Goossens, F.: Moderne Personalorganisation. München 1975.
Groell, R.: Organisationsmodelle im Bereich der kommunalen Sozial- und Jugendhilfe. Frankfurt 1972.
Grunwald, W./Lilge, H.-G.: Partizipative Führung. Bern/Stuttgart 1980.
Haas, P./Hülch, K.: Management Taschenlexikon. München 1974.
Hahn, H./u.a.: EDV – Wissen für Führungskräfte. München 1973.
Hrsg. Der Regierende Bürgermeister von Berlin: Neustrukturierung der sozialen Dienste. Berlin 1974.
Hrsg. Stadt Heilbronn: Weiterentwicklung im Sozialbereich. Heilbronn 1979.
Hess, P.H.: Personalführung wird kontrollierbar. Bern/Stuttgart/Wien 1969.
Hill, H./Fehlbaum, R./Ulrich, P.: Organisationslehre, Bd. 1 und 2. Bern/Stuttgart ^{3}1981.
Hull, R./Peter, L./Peter, R.: Das Peter-Prinzip. Reinbek 1976.
James, M./Jongeward, D.: Spontan leben. Reinbek 1974.
Kellog, M.: Führungsgespräch mit Mitarbeitern. München 1974.
Kirst, W./Diekmeyer, U.: Kreativitätstraining. Hamburg 1973.
Kleine, K.L.: Die neuen Techniken der Kreativität und Problemlösung. München 1975.
Kraak, B.: Problem lösen und entscheiden. Tübingen 1978.
Kühn, D.: Leitfaden für kommunale Sozialplanung. Frankfurt a.M. 1977.
Küpper, H.U.: Ablauforganisation. Stuttgart/New York 1982.
Lapassade, G.: Gruppen – Organisationen – Institutionen. Stuttgart 1972.
Lauterburg, Ch.: Vor dem Ende der Hierarchie. Modelle für eine bessere Arbeitswelt. Düsseldorf/Wien ^{2}1980.

Lexikon: Management-Begriffe. Gernsbach 1972.
MAYER, R.R.: Sozialplanung und soziale Veränderung. Freiburg i.Br. 1975.
MAYNTZ, R.: Soziologie der Organisation. Hamburg 1972.
MÜLLER-SCHÖLL, A.: Soziales Management und Personalführung. In: Haushalterschaft als Bewährung christlichen Glaubens. Handbücher für Zeugnis und Dienst der Kirche, Bd. V. Stuttgart 1981, S. 289 ff.
MÜLLER-SCHÖLL, A.: Sozialmanagement. In: Evangelisches Soziallexikon. Stuttgart [7]1980, S. 1196.
MÜLLER-SCHÖLL, A./PRIEPKE, M.: Fortbildung für Teamarbeit in Leitungsfunktionen. In: Sozialpädagogik Nr. 3/1976, S. 143–144.
MÜLLER-SCHÖLL, A./PRIEPKE, M.: Ziele, Inhalte und Methoden der Akademiekurse für Sozialmanagement in der Diakonischen Akademie. In: Diakonie Nr. 4/1976, S. 217–223.
MÜLLER-SCHÖLL, A./PRIEPKE, M.: Fortbildung – Organisations- und Institutionsberatung. In: Sozialpädagogik Nr. 4/1976, S. 171–177.
MÜLLER-SCHÖLL, A./PRIEPKE, M.: Jugendberufshilfe. Bd. C VI der Reihe: Planung der Jugendhilfe. Berlin 1978.
NEUBAUER, A.A.: Organisationsentwicklung in der öffentlichen Verwaltung. Frankfurt a.M./Berlin 1981.
NIMMERGUT, I.: Kreativitätsschule. München 1973.
ODIOME, G.S.: Management by Objectives. München 1973.
ODIOME, G.S.: Persönliche Arbeits- und Führungstechniken. München 1973.
OLFERT, K./STEINBUCH, P.A.: Personalwirtschaft. Ludwigshafen 1987.
PLANT, R.: Zwischen Anpassung und Systemänderung. Freiburg i.Br. 1974.
PRIEPKE, M.: Methoden produktiver Teamarbeit. Hilfe für das Alter. Stuttgart 1977.
PRIEPKE, M.: Probleme von Leitungskräften in Justizvollzugsanstalten, in Gefährdetenhilfe. Bielefeld 1980.
PRIEPKE, M./MÜLLER-SCHÖLL, A.: Was will Sozialmanagement? In: Sozialpädagogik Nr. 6/1974, S. 310–313.
ROMMEL, M.: Abschied vom Schlaraffenland. Stuttgart 1981.
ROTHMANN, I./u.a.: Innovation und Veränderung in Organisationen und Gemeinwesen. Freiburg i.Br. 1979.
RÜHLI, E.: Unternehmensführung und Unternehmenspolitik 1. Bern/Stuttgart 1973.
SCANLAN, B.: Erfolgreiche Mitarbeitermotivierung. München 1973.
SCHMIDT, G.: Organisation – Methode und Technik. Gießen 1983.
SCHMIDT, W.: Führungsethik. Heidelberg 1986.
SCHWARZ, H.: Betriebsorganisation als Führungsaufgabe. München 1983.
STEINBUCH, P.A.: Organisation. Ludwigshafen 1988.
SWOBODA, H.: Richtig entscheiden. Reinbek 1974.
TOWSEND, R.: Hoch lebe die Organisation! München/Zürich 1973.
Trainermanuskript: Entscheiden. DA-MSE. Stuttgart 1975.
Trainermanuskript: Führen. DA-MSE. Stuttgart 1976.
Trainermanuskript: Organisation. DA-MSE. Stuttgart 1976.
TUMM, G.W.: Erfolg durch bessere Entscheidungen. München 1974.
ULMANN, G.: Kreativität. Weinheim 1970.
ULRICH, P./FLURI, E.: Management. Bern/Stuttgart 1978.
VINTER, R.D.: Beiträge zur Praxis der Sozialen Gruppenarbeit. Freiburg i.Br. 1973.
VOPEL, K./VOPEL, R.: Ich und Du. Hamburg 1975.
VOSSEN, A.J.M.: Selbstwerden in menschlichen Beziehungen. Gelnhausen/Berlin 1975.
WELLHÖFER, P.R.: Sozialpsychologie. Stuttgart 1976.
WERDER, A. von: Organisationsstruktur und Rechtsnorm. Wiesbaden 1986.

Wie entscheide ich mich? Opladen 1975.

WITTLAGE, H.: Methoden und Techniken praktischer Organisationsarbeit. Herne 1986.

WUNDERER, R. (Hrsg.): Humane Personal- und Organisationsentwicklung. Berlin 1979.

ZANDER, E./REINIKE, W.: Führungsentwicklung, Organisation Development in der Praxis. Heidelberg 1981.

ZAPF, W./u.a.: Soziale Indikatoren, Bd. 1–3. Frankfurt a. M. 1975.

Sozialmanagement für Führungskräfte im Strafvollzug „Der Weg" Nr. 2/1978.

Begriffserklärungen zum Sozialmanagement

Die Begriffe SOLL und IST wurden als spezielle Fachtermini hier wie im gesamten Buch stets groß geschrieben.

Abweichungsproblem	= Abweichung des IST-Zustandes von einem bekannten und in der Vergangenheit auch erreichten SOLL-Zustand.
Alternative	= die Entscheidung zwischen zwei (oder mehr) Lösungsmöglichkeiten; auch verwendet für: die andere, zweite Lösungsmöglichkeit.
Auswahl	= die eigentliche Entscheidung unter Berücksichtigung der von der Entscheidergruppe definierten Bewertungen.
Autonomie	= Verselbständigung der Persönlichkeit, mit einem hohen Maß zielorientierter Handlungsbefähigung.
Bedingung	= notwendige geistige und/oder materielle Voraussetzung für eine Zielerreichung.
Dimensionen	= Bereiche, wie z.B. Personen, Sachen, Handlungsabläufe, die eine genaue Definition der SOLL-IST-Diskrepanz-Situation ergeben.
emotional	= gefühls-(trieb-)orientiert.
Ergebnisziel	= erwünschtes, aus einem Rahmenziel abgeleitetes künftiges kontrollierbares Ereignis zu einem bestimmten Zeitpunkt, unter Berücksichtigung der zu diesem Zeitpunkt gegebenen bzw. realisierbaren Bedingungen.
Eventualitätsproblem	= eine für die Zukunft angenommene Abweichung, deren Eintritt nicht sicher ist, die aber vorsorglich untersucht wird.
Grundsatzziel	= dauerhafte Grundwerte für die Organisation wie für den einzelnen.
Instrumentalität	= die wechselseitige Beeinflussung im Sinne von gegenseitiger Behinderung oder Förderung von Zielen und/oder Lösungsmöglichkeiten zueinander.

kognitiv	= wissens-(verstandes-)orientiert.
Kreativität	= unkonventionelle schöpferische, nicht an Bedingungen orientierte Fähigkeit/Kraft zum Auffinden von Lösungsmöglichkeiten.
Kriterien	= Bewertungsmaßstab für die Auswahl von Lösungsmöglichkeiten.
Matrix	= ein technologisch-mathematisches Vergleichsschema.
operationalisierte Ziele	= präzise Ziele, die genau auf ihre Bedingungsverwirklichungen hin meßbar gemacht werden können.
Planungsproblem	= Abweichung eines neu gesetzten SOLL-Zustandes von einem bisher geltenden IST bzw. nicht vorhandenen IST. Zwischen den beiden Formen Abweichungs- und Planungsproblem gibt es eine häufig vorkommende Mischform. Dabei wird eine Abweichung festgestellt, obwohl der SOLL-Zustand nicht genau bekannt ist. Nach einer IST-Aufnahme kann in einem solchen Fall, je nach Problemstellung, entweder eine Abweichungsanalyse, eine Planungsanalyse oder beides mit der entsprechenden Diagnose folgen.
Problem	= immer ein Auseinanderklaffen *(Diskrepanz)* zwischen SOLL- und IST-Zuständen.
Problemanalyse und -diagnose	= systematische Beschreibung einer SOLL-IST-Diskrepanz und Ursachenermittlung dazu.
Rahmen- oder Randbedingung	= ein die SOLL-Definition begrenzender Zustand.
Situationsanalyse	= systematische Erhebung von IST-Zuständen eines definierten Problembereichs.
SOLL	= mengenmäßige oder inhaltliche Zieldefinition. Das Gesamt-SOLL enthält immer eine inhaltliche, zeitliche und mengenmäßige Festlegung, manchmal auch eine örtliche Bestimmung (Operationalisierung).
Rahmenziel	= innerhalb eines Zeitraumes (1 bis 3 Jahre) anzustrebender Zustand.
Spontaneität	= ungezwungene, emotional-orientierte Äußerungsfähigkeit.

Strategie	= ein festgelegter Plan zur Zielerreichung, nach dem die Planer ihre Verhaltens-(Handlungs-)weisen auswählen.
Teilziele	= operationalisierte Ziele lassen sich im Regelfall nochmals in zeitliche Zielschritte (Zielstufenplan) zerlegen.
Zielsetzung = Ziel	= anzustrebender, wünschenswerter Zustand.
Zielstufenplan	= legt fest, in welchen *zeitlichen* Schritten Teilzielerreichungen bei welchen Bedingungsgegebenheiten mit welchem Mitteleinsatz zu realisieren sind. Der Zielstufenplan ist in der Regel auch ein Instrument der Erfolgskontrolle.
Zielkongruenz	= inhaltliche Übereinstimmung der Ziele von Organisationseinheiten, beispielsweise von Abteilungen, im Hinblick auf die Zielsetzung der Gesamtorganisation.
Zielkonsens(us)	= Übereinstimmung der individuellen, subjektiven und egoistischen Zielsetzung mit der von der Organisation für den Mitarbeiter vorgegebenen Zielsetzung.